Wilhelm Tauchen — Gilla Wentzel
Graphologie als Lebenshilfe

Graphologie als Lebenshilfe

— Sich und andere besser verstehen —

Lernen Sie die Symbole unseres Unterbewußtseins in der Schrift zu entdecken

von

Wilhelm Tauchen und Gilla Wentzel

Verlag Mehr Wissen · Düsseldorf

Düsseldorf
Lise-Meitner-Straße 11 — 40764 Langenfeld

Gesamtherstellung: Weiss & Zimmer AG, Mönchengladbach
ISBN 3-88686-046-9

Inhalt

Vorwort

Lieber Leser,

dieses Buch möchte Ihnen einen Überblick vermitteln und eine Einführung sein in die Wissenschaft der Graphologie. Es erhebt also nicht den Anspruch eines Lehrbuchs, das das Ziel hat zum Graphologen auszubilden. Vielmehr liegt die Absicht darin, das Interesse zu wecken für eine der interessantesten und vielseitigsten Möglichkeiten der Charakteranalyse und deren vielfältige Anwendungen.
Durch systematisches Heranführen und Erklären der einzelnen Schriftmerkmale und ihre möglichen Bedeutungen soll Ihnen die Graphologie anschaulich und einfach dargestellt werden und bei Ihnen ein Gespür dafür entwickeln, den psychologischen Hintergrund der graphischen Merkmale zu erkennen.
Vielen ist die Bedeutung der Handschrift als Ausdruck der Persönlichkeit bereits bekannt, den anderen möchten wir durch Beispiele den symbolischen Ausdruck unserer Psyche in der Schrift näherbringen. Graphologisches Sehen ist erlernbar, das Auge kann geschult werden, um sensibel gegenüber psychologischen Hintergründen zu werden, vorausgesetzt, das nötige Maß an Sensibilität ist vorhanden und die Sinne sind offen für neue Eindrücke.

An Ihrer Schrift sollt Ihr sie erkennen

Konrad Adenauer

Konrad Adenauer — um nur einen der bedeutenden Männer unseres Jahrhunderts zu nennen, dem diese Form der Charakteranalyse vertraut war als Mittel zum Erkennen der Persönlichkeit des anderen. In der Politik sicher unerläßlich, kann auch uns im täglichen Leben ein besseres Erkennen unseres Gegenübers vor vielen Irrtümern bewahren, sowohl im privaten, als auch im beruflichen Bereich. Unsere Menschenkenntnis wird vertieft und durch Erkennen unseres eigenen Charakters können wir auch Vorurteile abbauen, und damit den Mitmenschen mehr Toleranz und Verständnis entgegenbringen.

Einleitung

Unumstritten ist die Tatsache, daß die Schrift ein Ausdruck des Charakters eines Menschen ist. Wie jede andere Ausdrucksform des Körpers, etwa der ganz bestimmten Art sich zu bewegen oder Gefühle und Stimmungen in der Mimik zum Ausdruck zu bringen, ist auch die Art und Weise, Schriftzeichen zu setzen und zu formen, ganz individuell vom Schreiber und dessen Charakter abhängig. Die Schrift entspricht dem Wesen des Schreibers.

Die Graphologie ist eine Wissenschaft, die sich mit der Deutung und Interpretation von Schriftbildern beschäftigt. Die Deutungen der einzelnen Merkmale wurden empirisch, aufgrund von Erfahrungstatsachen vieler Jahrzehnte graphologischer Forschungen, in der Bedeutung erkannt und bestätigt. In den Grundzügen sind diese Merkmalsausprägungen eindeutig interpretierbar, jedoch nur unter der Berücksichtigung des Gesamtbildes der Schrift. Das Schriftbild wird unter ganzheitlicher Betrachtung interpretiert, die positiven und negativen Charaktereigenschaften herausgearbeitet und im richtigen Gleichgewicht zum Wesen des Schreibers zusammengefügt.

Dieses Zusammenfügen stellt, ähnlich dem Malen eines Bildes, einen sehr stark schöpferischen Akt dar und erfordert die volle Konzentration des Graphologen auf das zu beurteilende Schriftbild und das Wesen, das dieses Schriftbild geschaffen hat. Hierin liegt die Kunst des Graphologen, mit viel Fingerspitzengefühl, Einfühlungsvermögen, Menschenkenntnis und persönlicher Erfahrung die einzelnen Bedeutungen abzuwägen und unter Berücksichtigung des Gesamtbildes der Schriftprobe zu einem Charakterbild zusammenzufügen. Psychologisches Geschick und Erkennen von Zusammenhängen, ein Gespür für die Psychischen Strukturen des menschlichen Wesens, bilden die Grundlage für erfolgreiche graphologische Beurteilungen.

Diese stark individuelle Note des graphologischen Arbeitens stellt für viele einen Kritikpunkt in der Akzeptanz der Graphologie dar. Es handelt sich eben bei der Graphologie um eine Wissenschaft, die nicht exakt im Ergebnis meßbar und nicht unabhängig vom Be-

trachter gesehen werden kann. In unserer Zeit fällt es vielen schwer, etwas zu akzeptieren, was nicht in allen Punkten rational nachvollziehbar ist. Dies ist durchaus verständlich, da wir tagtäglich darauf getrimmt werden, nur das zu glauben, was wissenschaftlich erwiesen, geprüft und allgemein anerkannt ist. Nur, hat uns unsere geschichtliche Entwicklung nicht schon in vielen Punkten gezeigt, daß auch die Wissenschaft sich irren kann und das, was gestern richtig war, morgen schon wieder falsch sein kann. Es hängt alles ab von unserer Einstellung und unserer geistigen Haltung den Dingen und unserer Umwelt gegenüber. Wer sich mit Graphologie beschäftigen möchte, sollte offen sein für Eindrücke, die vielleicht nicht immer ganz nachvollziehbar, jedoch deswegen nicht falsch sind.
Intuitiv veranlagte Menschen mit einem hohen Grad an Sensibilität finden verständlicherweise schneller und auch intensiver den richtigen Einstieg zur Aussagefähigkeit einer Schriftprobe. Sie erfühlen förmlich den tieferen Sinn der Schriftzeichen. Diese Intuition, die Gabe, graphologisch eine Schriftprobe zu erfahren, haben nur sehr wenige Menschen von Natur aus, sie sind die geborenen Graphologen. Aber auch jeder andere kann, vorausgesetzt er ist sensibel und offen, sein Auge schulen. Hilfreich ist das Lesen von graphologischen Büchern und das Vergleichen der einzelnen Philosophien verschiedener Graphologischer Schulen in Verbindung mit der jeweiligen geschichtlichen Epoche. Das Auge lernt schnell zwischen positivem und negativem Schriftbild zu unterscheiden, die einzelnen Merkmale zu erkennen und deren Deutungsmöglichkeiten aufzuzeigen. Wie tief tatsächlich der hinter einer Schrift stehende Charakter erkannt werden kann, ist vom einzelnen und seinen persönlichen Voraussetzungen abhängig.
Die Bedeutung von Schriftzeichen sind in unzähligen Lehrbüchern auf ganz unterschiedliche Weise erläutert worden, im Ergebnis sind sie erstaunlicherweise mit einigen Ausnahmen übereinstimmend. Diese graphologischen Methoden sollten jedoch nur als Helfer verstanden werden, nicht als „Wörterbücher“. Auch Übersetzungen aus fremden Sprachen können nicht wortwörtlich gemacht werden, sondern bedürfen auch eines ganzheitlichen Überblicks. Ansätze, den Computer mit entsprechenden Programmen zur Schriftaus-

wertung zu verwenden, sind aus den gleichen Gründen gescheitert. Sie können die Persönlichkeit des Graphologen und sein Gespür für den Sinn der graphischen Merkmale keinesfalls ersetzen.

Das Symbol als äußerer Ausdruck unserer inneren Welt

Wir haben gesehen, daß die Graphologie eigentlich aus zwei Teilen besteht, einmal den graphischen Merkmalen, die sichtbar und erfaßbar sind, zum anderen aus einem unsichtbaren Teil, nämlich dem tieferen Sinn der Schriftzeichen, ihrer psychologischen Bedeutung. Die Verbindung zwischen diesen beiden Teilen ist das Symbol. Unser Unbewußtes versucht, sich im Bewußtsein auszudrücken und projiziert durch Symbole sein innerstes Wesen mit seinen grundlegenden Trieben und Sehnsüchten, Ängsten und Zwängen in die Schriftzeichen und ist in ihnen ablesbar. Der Bewegungsablauf des Schreibens folgt inneren Antrieben, die durch das Gehirn gesteuert und durch die Motorik von Arm und Hand ausgeführt werden, hat aber seinen eigentlichen Motor in unserer Psyche.

Vom Aufbau und der Bedeutung der Psyche haben wir erst mit der Entwicklung der Psychoanalyse eine genauere Vorstellung bekommen und selbst neueste Forschungen müssen zugeben, daß wir auf diesem Gebiet erst am Anfang stehen. Über viele Zusammenhänge bestehen bisher nur unklare Vorstellungen. Sicher ist eins, unsere Charaktereigenschaften spiegeln unsere innere Welt. Die Schrift ist eines dieser Ausdrucksmittel unserer Seele und ermöglicht es dem Graphologen, ein recht genaues Bild dieser inneren Strukturen zu erstellen.

Viele unserer Eigenschaften, Talente und Möglichkeiten schlummern in der Tiefe unseres Unterbewußtseins. Dieses Unterbewußtsein schickt uns jedoch Botschaften, damit wir einen Nutzen aus unseren Anlagen ziehen können. Dies geschieht ständig und nicht nur durch die Schriftzeichen. Auch Ereignisse zeigen uns symbolisch, was wir tun sollen, wie der richtige Weg für uns ist.

Bedauerlicherweise ist in der heutigen Zeit die Sensibilität gegenüber derartigen Ereignissen etwas abgestumpft, wir erkennen häufig nicht mehr den symbolischen Inhalt und können nicht entsprechend handeln. Alles in unserem Leben hat einen tieferen Sinn und nichts passiert zufällig. Das Wort „Zufall“ gibt schon den direkten Hinweis, es „fällt uns etwas zu“. Die Frage, warum uns dies und gerade jetzt „zufällt“, liegt in uns selber. Der Graphologe kann mit seiner Analyse helfen, der Antwort ein Stück näher zu kommen.

Die persönlichen Voraussetzungen des Graphologen

Erkenne Dich selbst

Seneca

Wie wir schon gesehen haben, läßt sich die Graphologie nicht von der Persönlichkeit des Graphologen trennen. Auf beiden Seiten, auf der Seite des Schriftverursachers ebenso wie auf der Seite des Betrachters spielt die persönliche Psyche eine Rolle.
Der Graphologe sollte deshalb nach Objektivität streben, verhindern, daß zu viel aus seiner eigenen Psyche, seinen eigenen ungelösten Problemen, in die Analyse mit einfließt oder auf den anderen projiziert wird. Dies kann durch eine Erweiterung seines eigenen Bewußtseins erreicht werden, indem er sich seiner eigenen psychischen Strukturen klar wird. Aus dem Unbewußten ins Bewußtsein gelangte Problematiken verlieren häufig durch das Erkennen und Klarwerden an Bedeutung oder können bewußt abgeschwächt werden. Voraussetzung ist die Fähigkeit zur Selbstkritik und ein hohes Maß an Disziplin.
Durch das wache Beobachten unserer Mitmenschen und deren Verhaltensweisen sind wir in der Lage, psychologische Zusammenhänge zu erkennen. Menschenkenntnis und auch die Liebe zu unseren Mitmenschen sind Voraussetzungen zu objektiven wohlwollenden Beurteilungen. Der Respekt vor anderen und die Achtung der Persönlichkeit sollten im Vordergrund stehen, sowie der Wille, helfen zu wollen und nicht die Neugierde, alles über den anderen zu erfahren und ihn bloßzustellen. Niemand sollte die Verantwortung unterschätzen, die für den anderen bei einer Schriftanalyse übernommen wird und entsprechend verantwortungsbewußt handeln.

Der erfahrene Graphologe unterscheidet weise zwischen Merkmalsdeutungen, die dem Analysanten in ihrer Aussage helfen und anderen, die lieber verschwiegen werden sollten, da sie unnötig verunsichern. Das Ziel ist es, dem anderen durch eine Schriftbeurteilung den größtmöglichen Vorteil zu bringen, damit er sich weiterentwickeln kann, und nicht zu verletzen oder zu demütigen.
Was sollte es auch nützen, jemanden auf Seiten seines Wesens aufmerksam zu machen, für die derjenige sich vielleicht gar nicht interessiert oder die er erfolgreich verdrängt hat.

Geschichtlicher Überblick zur Entwicklung der Graphologie

Die Entwicklung der Schrift war ein Meilenstein auf dem Weg der kulturellen Entwicklung der Menschheit.
Aus der Bilderschrift entwickelte sich etwa im 4. Jh. v. Chr. die erste Lautschrift. Ab diesem Zeitpunkt war es erst möglich, Überlieferungen als Fakten zu erfassen, mußten Bilder doch bis dahin gedeutet werden.
Die Phönizier um 1300 v. Chr. entwickelten das erste Uralphabet; mit 22 Konsonanten ausgestattet, erwies es sich als gutes Hilfsmittel, dem Handelsvolk das geschäftliche Leben zu vereinfachen. Es breitete sich über den ganzen Mittelmeerraum aus und wurde von den Griechen zum griechischen Alphabet weiterentwickelt, das als Grundlage für alle weiteren Schriften anzusehen ist. Im gesamten Abendland wurden daraus die lateinischen Buchstaben, nur im Südosten und Osten blieb das Kyrillische erhalten.
Mit der Entwicklung der Schrift begann sich auch ein Interesse an der Schriftbetrachtung, der Tatsache, wie ein jeder zu schreiben pflegt, zu regen. Bereits im alten Griechenland und im römischen Reich bestand eine besondere Aufmerksamkeit auf die persönliche Handschrift. Der griechische Philosoph und Gelehrte Aristoteles erkannte, daß sich der Charakter eines Menschen im Ausdruck seiner Schrift offenbart; auch die Römer verstanden es, den persönlichen Ausdruck in der Schrift zu beschreiben und zu interpretieren. Über die Schrift Kaiser Augustus wurde eine Analyse erstellt unter Berücksichtigung der Merkmale Zeilen- und Wortabstand.
Sicher war man zu diesem Zeitpunkt noch weit von einer Schriftanalyse unserer Zeit entfernt, jedoch war das Interesse geweckt und erste Ansätze zeigten sich. Die früheste Veröffentlichung datiert von 1662 in Form des Büchleins „Die Art und Weise, den Charakter und die Eigenschaften des Schreibers aus einem Brief zu erkennen", geschrieben von einem italienischen Graphologen namens Baldi.
Ein Zeitgenosse Goethes, sein Freund Lavater, erkannte die Übereinstimmung von sprachlichem Ausdruck, Gestik und Körperhal-

tung mit dem Ausdruck der Handschrift. Diese ganzheitliche Betrachtungsweise findet man heute in vielen modernen Lehren wieder. Betrachtet man den Menschen als Ganzes, bestehend aus Körper, Geist und Seele, ist es nur natürlich, daß sich diese Einheit im Auftreten, in der Wahl der Gesten und der Sprache, in jedem Ausdruck des Körpers wiederspiegelt, so eben auch in der Handschrift.

Erste Schulen für Graphologie in Europa

Von diesen frühen Betrachtungen ausgehend, entstanden Schulen für Graphologie in Europa, zuerst in Frankreich, später auch in Deutschland, der Schweiz und England.
Die französische Schule, gegründet von Abbe Flandrin 1830 und fortgesetzt von seinem Schüler Jean-Hippolyte Michon (1806 bis 1881), entwickelte grundlegende systematische Betrachtungsweisen. Die beiden Werke Michons „Systeme de graphologie" und „Methode pratique de graphologie" sind Werke, die mit ihren Aussagen keineswegs veraltet sind, betrachtet man z. B. seine Erkenntnis, daß „die Seele selbst es ist, die schreibt".
Stützte sich Michon primär auf die Betrachtung von Einzelmerkmalen, so ging sein Schüler, der 1858 in Arras geborene Crepieux-Jamin, stärker dazu über, das Gesamtbild der Schrift mit deren räumlicher Verteilung auf dem Blatt zu berücksichtigen.
Aus den Forschungen und Erkenntnissen der französischen Schule entwickelte sich auch in Deutschland eine Schule für Graphologie, die sich zu Anfang auf die Untersuchungen des Psychologen Preyer stützte. Er entdeckte 1841, daß sich die Schrift von Hand- oder Armamputierten, die lernten, mit Mund oder Fuß zu schreiben, im wesentlichen nicht von der Schrift unterschied, die sie vor der Behinderung aufwiesen. Seine Versuche bestätigten die Ansicht, daß die Schrift vom Gehirn aus gesteuert wird und der Vorgang des Schreibens keineswegs ein rein motorischer Akt ist.
Das Gehirn als Schaltzentrale für den Ausdruck der Schrift beschäftigte auch Professor Pophal von der Hamburger Universität. Seine Forschungen mit Kranken und geistig Gestörten zeigten, daß diese

körperlichen Veränderungen sich auch im Strichbild ausdrückten. Eine Zusammenfassung seiner Ergebnisse findet sich in seinem Werk „Die Handschrift als Gehirnschrift".

Ludwig Klages (1872—1952) gilt als der Klassiker der deutschen Schule, hat er doch erstmals versucht, in seinen Werken ein System für die Deutung der Schrift zu entwickeln. Er ging davon aus, daß für jedes Merkmal mehrere Deutungen möglich sind, die vom Antrieb und dessen Gegenkraft, der Hemmung abhängen. Ihm verdanken wir Gesetze zur Ausdrucks- und Charakterkunde und den Begriff des „Formniveaus", der die Möglichkeit darstellt, das Lebensniveau, den Bildungsgrad und die persönliche Ausprägung zu erfassen und in verschiedene Grade zu klassifizieren. In seinem Werk „Handschrift und Charakter" liefert er neben sehr wertvollen Deutungstabellen für Merkmalsausprägungen, Erklärungen seiner Begriffswelt.

Von Frankreich ausgehend über Deutschland, entwickelte sich auch in der Schweiz eine Schule für Graphologie, gegründet von Max Pulver. Pulver, ein Zeitgenosse Freuds und C. G. Jungs und stark beeinflußt von deren psychologischen Forschungen, bereicherte die Graphologie durch Erkenntnisse der Psychoanalyse. Für ihn waren Ambivalenz und Symbolik die Schlüssel zur Deutung der Schrift, deren Aufbau für ihn den menschlichen Körper symbolisiert. Eingeteilt in 3 Zonen, gemäß dem körperlichen Aufbau, drücken sich in den Unterlängen der Instinkt, das Materielle und Sexuelle aus, in der Mittelzone die Seele und das Herz, in den Oberlängen der Bereich des Intellekts und Geistes. Diese Betrachtungsweise, die vom symbolischen Gehalt der Schrift ausgeht und somit stark auf Intuition und bildhaftes Verstehen gestützt ist, entfernt sich natürlicherweise stark von der Graphologie Klages, der versuchte, Intuition zwar nicht ganz auszuschließen, aber nur noch im eingeschränkten Rahmen gelten zu lassen.

Auch die Graphologin Ania Teillard war stark von C. G. Jung beeinflußt. Sie übertrug die Jung'sche Typenlehre auf die Graphologie als ein Hilfsmittel zur Charakteranalyse. Jungs Typen teilen sich ein in Typen des Denkens, des Fühlens, des Empfindens und der Intuition. Selbstverständlich kann man davon ausgehen, nie eine Persönlichkeit eines einzigen Typs anzutreffen, vielmehr sind es die Mischungen der einzelnen Typen. In ihrem Werk „Handschriftdeutung auf tiefenpsychologischen Grundlagen“ geht Ania Teillard auch auf die verschiedenen Komplexe wie z. B. den Minderwertigkeitskomplex, näher ein und untersucht deren Ausdruck in der Schrift. Dieses Buch ist nicht nur wegen seines tiefenpsychologischen Einblicks, der unentbehrlich bei der erfolgreichen Schriftanalyse ist, sondern auch wegen seines einfühlsamen Schreibstils, der graphologie- und psychologieinteressierten Lesern einen sehr bildhaften Querschnitt der Graphologie eröffnet, eine echte Bereicherung der graphologischen Literatur.

Bedauerlicherweise gibt es nur noch sehr wenig Literatur, abgesehen von einigen neueren Werken, im Buchhandel zu erwerben. Da gerade die älteren Bücher heute wieder interessant zu lesen sind, empfiehlt sich ein Streifzug durch Antiquariate, hier kann man noch auf ältere Ausgaben stoßen.

Dieser kleine Querschnitt durch die Entwicklung der Schrift und der Graphologie sollte aufzeigen, wie deren beider Entwicklung Hand in Hand ging und wie unterschiedlich die europäischen Schulen sich von ihren Ursprüngen her entwickelt haben. Die Graphologie ist eine sehr komplexe Wissenschaft und es werden gemäß dem herrschenden Zeitgeist auch ständig neue Ansätze zur Schriftanalyse entwickelt und ältere Theorien durch neue Erkenntnisse ergänzt.

In jüngster Zeit finden Sichtweisen aus dem Bereich der Esoterik immer häufiger auch Verwendung in der Graphologie. Von den Schulgraphologen zwar abgelehnt, liefern sie trotzdem viele bildhafte Erkenntnisse, die unter den ganzheitlichen Aspekten betrachtet, wertvoll für das Erkennen von charakterlichen Anlagen sind. Jede Denkweise oder Weltanschauung, sei es die Esoterik, die Astrologie, östliche Weisheiten oder andere dient der Bewußseinserweiterung und öffnet die Sinne für neue Eindrücke. Offene Sinne und analytisches Vorgehen sind die Grundlagen für graphologisches Arbeiten und ermöglichen eine umfassende charakterliche Bestimmung. Jeder Weg, der dahin führt, die Sensibilität zu verbessern, ist richtig und kann in der Graphologie angewendet werden.

Nutzen und Grenzen der Graphologie

Die Wissenschaft der Graphologie wird heute an einigen Universitäten und Hochschulen als ein Bestandteil des Psychologiestudiums gelehrt und bildet eine diagnostische Disziplin zur Persönlichkeitsanalyse.
Der Graphologe ist für jeden Hilfesuchenden, der Fragen bezüglich seiner eigenen Identität hat, eine Hilfe zur Persönlichkeitsfindung und steht ihm in wichtigen Entscheidungen des Lebens zur Seite. Seine Schriftanalyse gibt einen Einblick in die Persönlichkeitsstruktur und die individuellen Anlagen.

> Wer einmal sich selbst gefunden,
> kann nichts auf dieser Welt mehr verlieren.
> Und wer den Menschen in sich begriffen,
> der begreift alle Menschen.
>
> Seneca

Sich selbst zu erkennen mit seinen eigenen Anlagen und Fähigkeiten, gibt die Chance, diese zu entwickeln und auszuschöpfen. Nur wer seine Talente und Möglichkeiten kennt, ist in der Lage, sie zu nutzen und im Leben erfolgreich zu sein. Auch die Entwicklung menschlicher Beziehungen hängt im großen Maße davon ab, wie stark wir uns selber kennen und akzeptieren. Haben wir gelernt, auch mit unseren Schattenseiten umzugehen, fällt es uns leichter, unsere Mitmenschen im Berufs- und Privatleben zu verstehen und zu tolerieren.
Neben dieser Form der Persönlichkeitsberatung steht der Graphologe auch in Fragen der Partnerschaft zur Verfügung, sei es vor einer Eheschließung, um Gemeinsamkeiten festzustellen, oder nach einer Eheschließung zur Konfliktbewältigung bei auftretenden Problemen. Prognosen darüber, ob Ehen erfolgreich verlaufen oder nicht, können natürlich nicht gegeben werden, sind die Einflußfaktoren doch zu unterschiedlicher Art. Hierzu sind die Aussagen, die man der Schrift entnehmen kann, nicht ausreichend. Der Graphologe kann lediglich abschätzen, wie groß die Wahrscheinlichkeit ist, aufgrund

gemeinsamer Merkmale eine harmonische Beziehung einzugehen, oder ob grundsätzlich zu viele Argumente für Disharmonie sprechen.

Eltern-Kind-Konflikte können im Zusammenleben eine große Belastung darstellen. Zumeist entstanden aus gegenseitigem Unverständnis und zu geringer Aufgeklärtheit der Eltern bezüglich der Entwicklungsphasen des Kindes, können sie erheblichen Einfluß auf den häuslichen Frieden nehmen. Angst der Eltern über mögliches unnormales Verhalten und Unverständnis aus Mangel an Toleranz sind Hemmnisse zur natürlichen Entwicklung des Kindes. Die Schriften des Kindes und der Eltern können Auskunft geben, wie solche Konflikte schon im Anfangsstadium vermieden werden können.

Die graphologische Berufsberatung unter Berücksichtigung der vorhandenen Talente und Charakterausprägungen, ist eine Hilfe zur Entscheidungsfindung bezüglich der Wahl des richtigen Berufs. Der Jungendliche bekommt zwar von allen Seiten gute Ratschläge, ist sich jedoch nur selten über seine tatsächlichen persönlichen Veranlagungen und Interessen im Klaren. Die Schrift, als Ausdrucksmittel des Unterbewußtseins, weist hier den für die Persönlichkeit richtigen Weg. Bislang noch nicht erkannte Talente können entsprechend gefördert werden.

Ein jeglicher versucht sein Glück,
doch schmal nur ist die Bahn zum Rennen,
der Wagen rollt, die Achsen brennen,
der Held dringt kühn voran,
der Schwächling bleibt zurück,
der Stolze fällt mit lächerlichem Falle,
der Kluge überholt sie alle.

Schiller

Neben diesen, eher privat interessanten Möglichkeiten zur Nutzung dieser Diagnoseform, findet die Graphologie immer stärker auch Interessenten im wirtschaftlichen Bereich. Mehr und mehr Firmen wenden sich in Fragen bezüglich der Bewerberauswahl an den kundigen Schriftpsychologen, um rasch Auskunft hinsichtlich Persönlichkeit und Fähigkeiten potentieller Bewerber zu erlangen. Das Gutachten, erstellt unter diesem Gesichtspunkt, geht stärker auf beruflich relevante Charaktermerkmale ein, wie Leistungsfähigkeit und -bereitschaft, Verantwortungsbewußtsein und Intelligenz unter Berücksichtigung der optimalen Voraussetzungen für die zu besetzende Position. Neben fachlichen Qualitäten spielen eben in noch größerem Maße soziale, etwa Verträglichkeit und Umgänglichkeit, das Vermögen der Anpassung, eine Rolle für erfolgreiche Besetzungen. Diese soziale Komponente ist, aus der Erfahrung betrachtet, in den meisten Fällen der Grund für das Scheitern eines Arbeitsverhältnisses. Fehlende fachliche Kenntnisse sind erlernbar, fehlende soziale Kompetenz jedoch nicht.

Erfreulich ist in diesem Zusammenhang auch, daß Personalberatungen in immer stärkerem Maße das graphologische Gutachten schätzen, da dieses eine Möglichkeit darstellt, getroffene Entscheidungen bezüglich der Bewerberauswahl abzusichern oder auch zu überdenken. Das Schriftgutachten kann natürlich genauso helfen, vorhandenes Potential von Mitarbeitern zu erkennen, und der Graphologe kann gegebenenfalls gezielte Vorschläge zur Förderung machen.

Ein Einsatzgebiet der Graphologie, dessen Interessen weniger in der Förderung bestimmter Charaktereigenschaften liegen als vielmehr im rechtzeitigen Erkennen, ist der Bereich des Schriftgutachtens hinsichtlich krimineller Verbrechensbekämpfung. Roda Wieser war auf diesem Gebiet mit ihren Forschungen federführend und hat mit ihren Erkenntnissen viel zur Untersuchung des kriminellen Charakters beigetragen. Lüge und Unehrlichkeit, Brutalität und Skrupellosigkeit sind Eigenschaften, die aus der Schrift lesbar sind und den potentiellen Verbrecher entlarven. Diese Methoden werden auch zurate gezogen zum Erkennen der Urheberschaft eines Schriftstückes, etwa bei möglicher Testamentsfälschung. Schriftgutachter sind schnell in der Lage, die Fälschung als solche zu erkennen.

Die Treffsicherheit graphologischer Gutachten

Hierüber eine klare Aussage zu machen ist fast nicht möglich. Einerseits ist das Ergebnis einer Analyse stark von der Persönlichkeit des Graphologen, seinen Fähigkeiten und Erfahrungen abhängig, andererseits ist es auch sehr schwierig, das Ergebnis von seiten des Analysierten objektiv zu beurteilen. Erkennt er sich in dem erstellten Gutachten nicht wieder, kann es sein, daß der Graphologe sich geirrt hat, es kann aber auch sein, daß die aufgeführten Charakterstrukturen von ihm erfolgreich verdrängt oder bewußt nicht wahrgenommen werden wollen.
Einige Graphologen versuchen sich, um Schwierigkeiten aus dem Weg zu gehen, durch sehr oberflächliche Analysen und allgemein gehaltene Formulierungen zu schützen. Diese Analysen haben für den Hilfesuchenden keinen Nutzen.
Nur mit dem nötigen Feingefühl und der Verantwortung, versteht sich, können alte Strukturen aufgebrochen und dem Menschen in der Weiterentwicklung geholfen werden.
Bei deutlicher Abweichung zwischen Gutachten und dem eigenen Charakterbild empfiehlt es sich in beiderseitigem Interesse ein persönliches Gespräch zu führen, um diese Abweichungen zu klären.

Die Arbeit des Graphologen

Hilfsmittel

Um erfolgreich eine Schrift analysieren zu können ist es notwendig, vor Beginn der eigentlichen Deutungsarbeit eine Bestandsaufnahme der vorhandenen Merkmalsausprägungen vorzunehmen. Bei der konsequenten und sorgfältigen Beobachtung der Schriftprobe können uns einige Hilfsmittel die Arbeit erleichtern.
Buchstaben, Wort- und Zeilenabstände sowie die Ränder müssen in Größe und Ausmaß erfaßt werden. Ein **Lineal** oder **Geodreieck** erweisen sich hierbei als sehr hilfreich. Unter die Zeilen gelegt, ist mit ihrer Hilfe erkennbar, ob deren Verlauf konvex, konkav, linear oder wellenförmig ist. Die Nuancen sind häufig so gering, daß hier der rein visuelle Eindruck täuschen kann.
Wählen wir ein **Geodreieck mit Winkelangaben**, können wir dieses auch zum Erkennen der Schriftlage und deren Neigungswinkel verwenden, wobei hier eine so exakte Erfassung wie beim Zeilenverlauf für die Deutung nicht so dringend notwendig ist.
Im Gegensatz dazu sind versteckte, kleine Merkmale mit dem bloßen Auge nur sehr schwer zu erkennen, jedoch für die Deutung von entscheidender Bedeutung. Eine **Lupe**, idealerweise mit Lämpchen, hilft diese wichtigen Häkchen, Schleifchen und überflüssigen Punkte zu entdecken und aufzunehmen.

Notwendige Vorinformationen

Für den Versuch einer ersten Analyse ist es sinnvoll, sich ein Schriftstück eines Freundes, Bekannten oder Familienmitgliedes zu wählen, da man rascher und mühelos vorankommt und ggf. auch mit demjenigen über das Ergebnis sprechen kann. Die eigene Schrift als ersten Versuch zu wählen ist nicht ratsam, da man meistens ein ganz bestimmtes Selbstbild seines Charakters hat und in einer Analyse

nur versuchen würde, dieses Bild wiederzufinden. Eine objektive Betrachtung der eigenen Schrift ist schwierig, es sei denn, man ist in der Selbstanalyse auf anderem Wege bereits weitergekommen.
Genauso wie die Analyse der eigenen Schrift in eine Richtung gefärbt sein könnte, sollte man sich davor hüten, bei der Analyse der Schrift von Freunden und Bekannten, die einem vielleicht nicht ganz so sympathisch sind, sofort deren negative Eigenschaften zu suchen. Kein Charakter hat nur positive oder nur negative Eigenschaften, sondern ist eine Mischung mit unterschiedlichen Schwerpunkten. Achtung und Toleranz dem anderen gegenüber sollten hier unbedingt im Vordergrund stehen. Viele Informationen, die in der Schrift enthalten sind, können als wichtige Hinweise für einen selbst betrachtet werden und als hilfreich für den Umgang mit dem anderen. Sie sollten nicht zur Provokation oder Bloßstellung verwendet werden.
Behandle den anderen immer so, wie Du selber behandelt werden möchtest, also umsichtig und rücksichtsvoll.

Vor Beginn der Analyse sind grundlegende Informationen über den Schreiber notwendig.

Sein Alter Die unreife Schrift eines Jugendlichen wird natürlicherweise eine andere Beurteilung finden als die kindliche Schrift eines Erwachsenen.

Sein Bildungsstand Die Ausbildung, ob technisch, künstlerisch, mit oder ohne Studium muß berücksichtigt werden. Die ungelenke Schrift eines im täglichen Leben schreibungeübten Handwerkers ist verständlich, liegt diese jedoch bei einem gebildeten Hochschulprofessor vor, sollte nach den Ursachen geforscht werden.

Sein Geschlecht Es läßt sich nur sehr schwer feststellen, ob es sich bei einer Schriftprobe um die eines weiblichen Mannes handelt oder um eine vermännlichte Frau, beide Ausprägungen müssen unterschiedlich behandelt werden.

Seine Nationalität Innerhalb Europas ist diese Frage zu vernachlässigen, interessant wird sie erst, betrachtet man die Schrift eines Menschen, der ursprünglich gelernt hat von rechts nach links zu schreiben und jetzt vielleicht in Englisch von links nach rechts schreibt. Schriftlage und Schriftläufigkeit finden andere Berücksichtigungen.

Die Schriftprobe sollte auf einem weißen Blatt Papier, am besten DIN A 4 geschrieben sein, ohne Linien oder Quadrate, mit Füllfederhalter oder Kugelschreiber. Filzschreiber und Bleistift sind problematisch, da das Merkmal der Druckstärke nicht exakt festzustellen ist.

Merkmale der Bewegung

Bewegung kann generell in 4 verschiedene Richtungen laufen, nach oben, nach unten, nach rechts und nach links. Vorausgesetzt es handelt sich, wie beim Blatt Papier es ja der Fall ist, um einen zweidimensionalen Raum. Im dreidimensionalen Raum kommt noch die Dimension der Tiefe hinzu. Auch in der Schrift kann eine dritte Dimension erkannt werden, nämlich der Schreibdruck, wenn auch nur in Nuancen möglich, da es sich beim betrachteten Blatt eigentlich um einen zweidimensionalen Raum handelt.
Das Bewegungsbild ist der symbolische Ausdruck dafür, wie jemand durchs Leben geht. Der eine nimmt das Leben schwer, bewegt sich vorsichtig und umsichtig, ständig darauf bedacht einen eventuellen Hinterhalt zu erkennen, ein anderer geht beschwingt und frei

durchs Leben, ist lustig, immer gut gelaunt und versteht dem Leben die positiven Seiten abzugewinnen. Entsprechend diesen unterschiedlichen Temperamenten und Lebenseinstellungen sind auch die zu den Charakteren gehörenden Schriften unterschiedlich.

Bindungen und Bindungsformen

Buchstaben formen sich erst dann zu einem Wort, wenn sie durch Bindungen aneinander gereiht werden. Die Form dieser Bindungen symbolisiert unser Denken, die Art und Weise, wie wir Ideen aneinander hängen. Unser Denken ist abhängig von unserer Intelligenz und der Qualität unseres Überlegens.
Ein Wort kann in einem Zug, ohne Absetzen, geschrieben werden oder aber der Schreiber benötigt gelegentlich eine Verschnaufpause, was die Verbundenheit gleichsam unterbricht.
Der Verbundenheitsgrad, also ob stark verbunden oder im Extremfall zerfallenen Worte in einzelne Buchstaben, drückt symbolisch unsere Anpassungsfähigkeit aus, und wie wir mit Pflichten, die von außen auf uns zukommen, umgehen.

Schrift verbunden

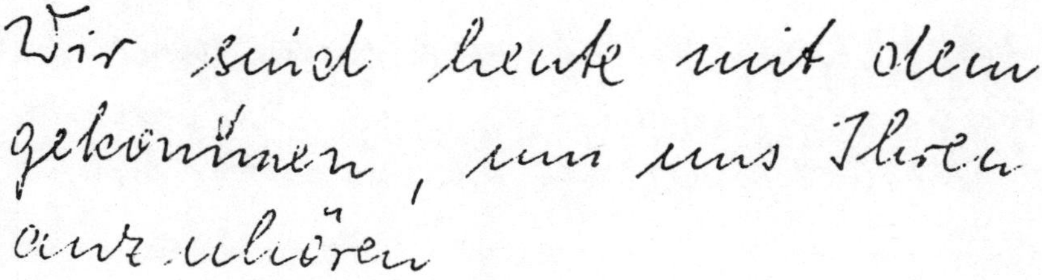

Eine Schrift kann dann als verbunden bezeichnet werden, wenn 4 oder 5 Buchstaben ohne Abzusetzen geschrieben sind.

Mögliche Deutungen

+	logisches Handeln, möchte sich mit der Außenwelt verbinden, der Geist arbeitet, Kombinationsvermögen, kluge Lösungen, geistige Beweglichkeit, künstlerisch begabt, literarisch begabt, Bildung, Koordinationsvermögen, analytischer Geist

Schrift übermäßig verbunden

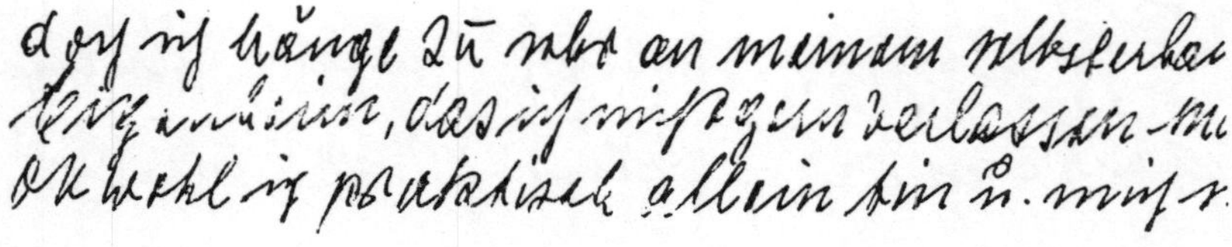

Die Wörter werden generell in einem Zuge durchgeschrieben und teilweise sogar miteinander verbunden.

Mögliche Deutungen

— Eigensinn,
Spitzfindigkeit,
Zwangsvorstellungen,
Neurosen

Die unverbundene Schrift

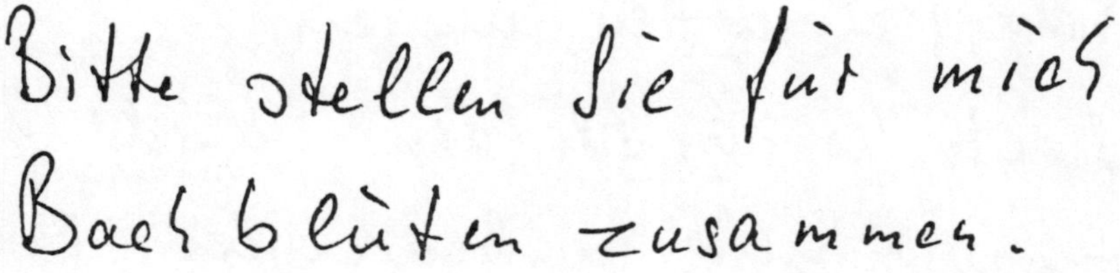

Die Buchstaben stehen isoliert und sind fast ausschließlich in Druckbuchstaben geschrieben.
Erfinder, Beobachter, Sucher haben häufig unverbundene Schriften.

Mögliche Deutungen

+	Intuition, Bedürfnis nach Kontakt mit sich selbst
–	Anpassungsstörungen, Eigenart, Ablehnung der Normen, Wankelmut, Egoismus, Abgeschlossenheit, Geiz, Eifersucht, Neid

Die gruppierte Schrift

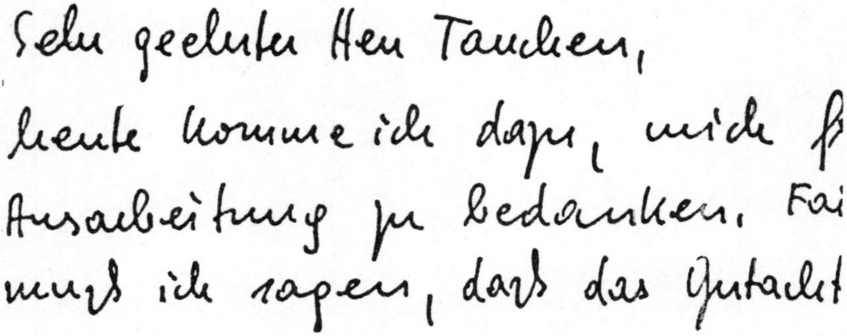

Diese Art und Weise, die Wörter nach Silben zu gruppieren, ist die in der Praxis am häufigsten vertretene Schriftform, ähnlich dem Atmen ist es nur natürlich, gelegentlich den Fluß zu unterbrechen.

Mögliche Deutungen

+	Vorherrschaft des Bewußtseins, Verstandes, Wissenschaft, Bildung, Intellektuell, Ungezwungenheit, Geselligkeit mit periodischem Bedürfnis nach Einsamkeit
–	Unentschlossenheit, Zweifel, Komplexe, Ängste

Die zerstückelte Schrift

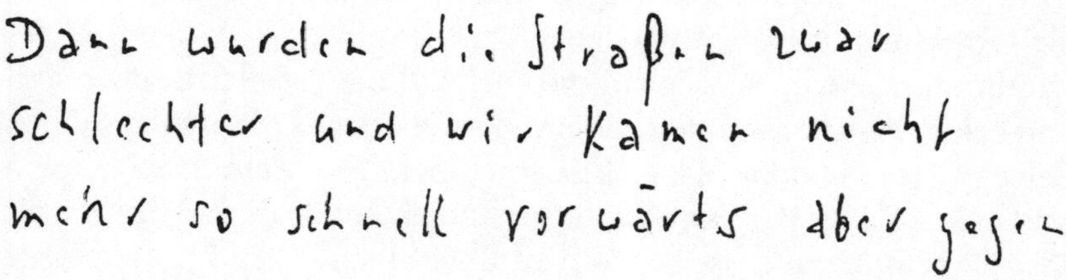

Die Buchstaben sind bis aufs äußerte reduziert, die Form und die Bewegung sind dürftig und karg.
Eine solche Schrift ist ein ungünstiges Zeichen.

Mögliche Deutungen

— Ungeselligkeit,
Humorlosigkeit,
physische Krankheiten

Die Bindungsformen

Die Wahl der Bindungsform, selbstverständlich geschieht dies unbewußt, zeigt uns die Anpassung an das Leben, die Mitmenschen und die Umstände, in denen wir leben.
Die Bindungsform, ob weich und fließend oder vielleicht eher hart und eckig, läßt sich vergleichen mit der Gestik des Menschen, seinen Bewegungen, seinem Gang. Ein geschmeidiger Mensch mit einem elastischen Gang wird sich auch geschmeidig und rund in der Schrift ausdrücken. Jemand, dessen Willen über allem herrscht, der eckige ungelenke Bewegungen hat und entsprechend auf Hindernisse derb und unsensibel reagiert, hat auch eher entsprechend eckige, winklige Züge in der Schrift.
Welche Bindungsform vorherrscht, läßt sich am besten in den kleinen Buchstaben „n, m, u, i" erkennen.

Man unterscheidet:

Girlande 

Arkade 

Winkel 

Schleifengirlande 

Faden 

Die Girlande

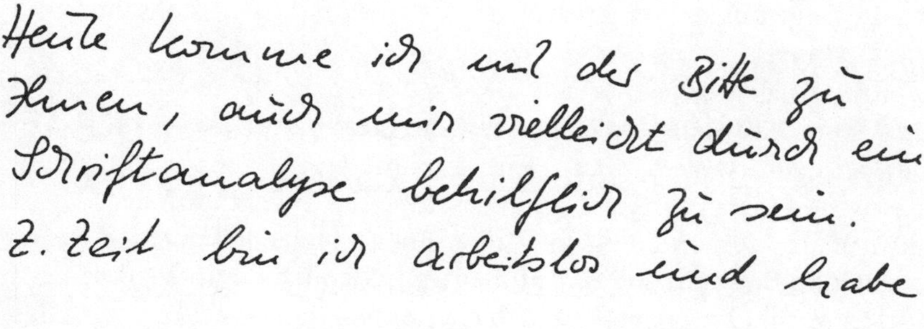

Die Girlande hat einen geschmeidigen, fließenden runden Eindruck, ist harmonisch und leicht. Die „n“ sind unten rund geformt. Als Symbol herrscht hier die Schale. Sie ist nach oben offen, kann also aufnehmen und bewahren.

Mögliche Deutungen

+	offene Haltung gegenüber der Außenwelt, Diplomatie, Vertrauensseligkeit, Aufnahmebereitschaft vor allem geistig, Güte, musische Begabung
–	wenn eher schlaff, „sich gehen lassen“, Opportunismus, Selbstverleugnung

Anzutreffen ist die Girlande häufig bei Menschen, die starken Kontakt mit der Außenwelt haben, z. B. Verkäufer, die also über ein hohes Maß an Offenheit und Kontaktfreudigkeit verfügen müssen, um in ihrem Beruf erfolgreich sein zu können.

Die übertriebene Girlande

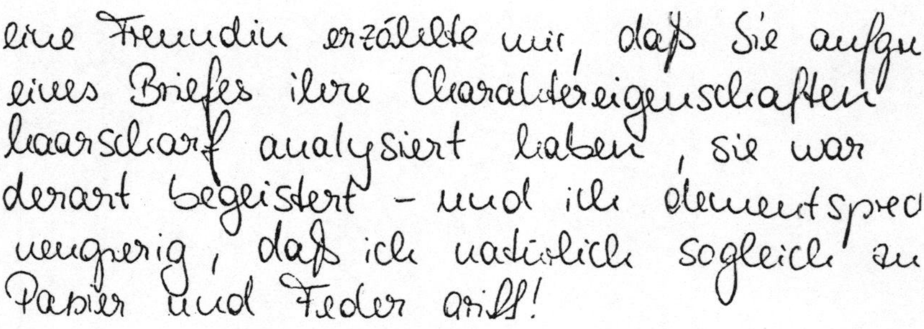

Mögliche Deutungen

— Mangel an Vorsicht,
Faulheit,
Anpassung an Formen
des Genusses

Anzutreffen bei Künstlern, Psychologen, Schriftstellern, Diplomaten, Pädagogen.

Die Arkade

Nun möchte ich Sie ein letztes Mal belästigen um Ih. das Photo zu schicken wegen einer Zukunftsanalyse, es geht privat, beruflich u. geschäftlich eventuell.

(Ich danke Ihnen schon im Voraus für Ihre Bemüh

Die Arkade ist die Umkehrung der Girlande und entsprechend auch die Umkehrung des Symbols; hier ist es jetzt nicht mehr die offene aufnahmebereite Schale, sondern als der romantische Bogen in der Baukunst, statisch stabiles Gebilde, das Lasten in den Boden weiterleitet. Menschen mit einer Arkade als Bindungsform können Lasten tragen. Die Arkade bildet keine Schale sondern eher einen Schild.

Mögliche Deutungen

+	Vorsicht, Distanz, überlegte Kontakte zur Außenwelt, Stolz, möchte nach außen gutes Bild abgeben, Rolle spielen, Eitelkeit
–	Verschlossenheit, Mißtrauen, Reserviertheit, Ich-Bezogenheit

Der Winkel

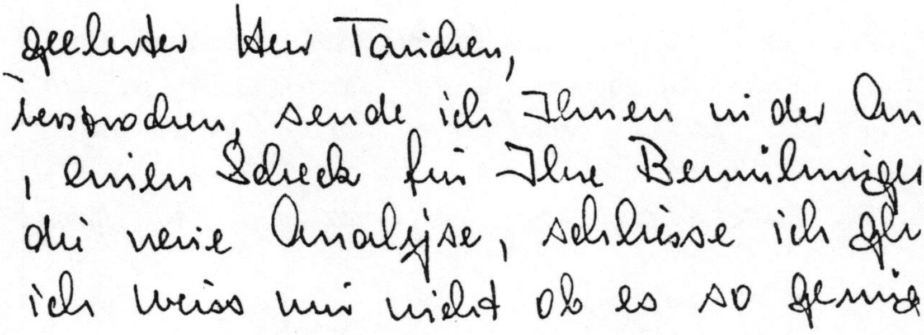

Der geschmeidige Eindruck von Girlande und Arkade, beides runde Formen, hat sich versteift zum Winkel und zeigt damit viel härtere Züge. Symbolisch hierfür steht der Ellenbogen, der mit den Spitzen alle Gegner und Widersacher zur Seite schiebt.

Mögliche Deutungen

+	Selbstdisziplin, Strenge sich selbst gegenüber, Wille, Energie, Aktivität, kämpferische Natur
—	Weigerung, Bedürfnis nach Quertreiberei, braucht Reibung, Widerstand, Anpassungsweigerung, Aggressivität, Eigensinn, Unzufriedenheit, Opposition
bei Frauen	sehr selten anzutreffen, starke Persönlichkeit, Herrschsucht, Strenge, Unabhängigkeitsbedürfnis

Sonderformen und Mischungen

Die Schleifengirlande

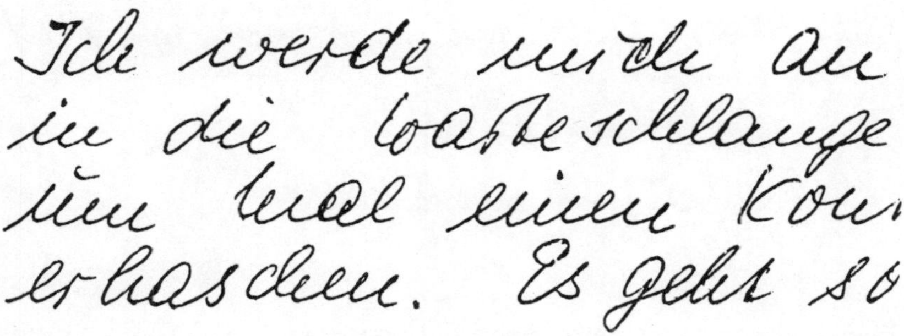

Die „n“ und „m“ werden schleifenförmig aneinander gereiht.

Mögliche Deutungen

+	liebenswürdiger, nachgiebiger Charakter, versöhnlicher Charme, Höflichkeit
—	falsche Galanterie, falsche Liebenswürdigkeit

Der Faden

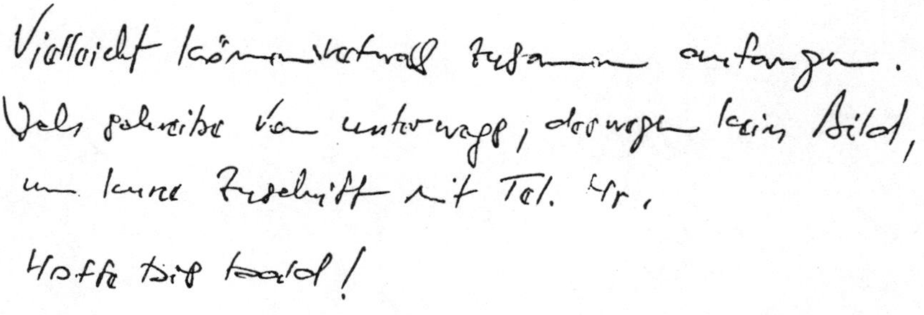

Hier herrscht nicht mehr eine konkrete Form, sondern die Schrift spult sich ab, etwa vergleichbar einem Faden, der von einem Knäuel abgewickelt wird.

Mögliche Deutungen

+	sehr große Aktivität, Eile, Geschmeidigkeit
–	Mangel an Charakter, Nonkonformismus, asoziale Haltung, Unentschlossenheit, Labilität, Beeinflußbarkeit, Unstetigkeit, schwache Empfindsamkeit

In der Realität ist es sehr selten, daß eine Bindungsform in reiner Art vorkommt. In den meisten Schriften herrscht eine Form vor und ist kombiniert mit einer weiteren. Hier kann nur unter Berücksichtigung des Gesamteindrucks interpretiert werden.

Schrift mit offenen Bindungen

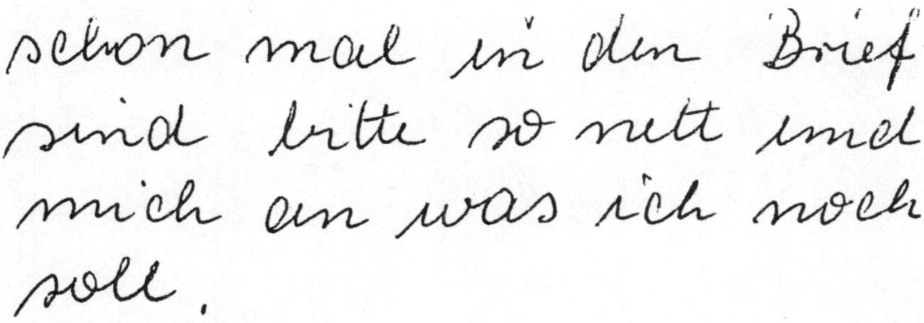

Einzelne Buchstaben, meist die Konsonanten „a, o“ sind nicht, wie es der Schulvorlage entspricht geschlossen, sondern offen

Mögliche Deutungen

+	Glaubwürdigkeit, Offenheit, Spontaneität
–	Geschwätzigkeit

Einrollungen

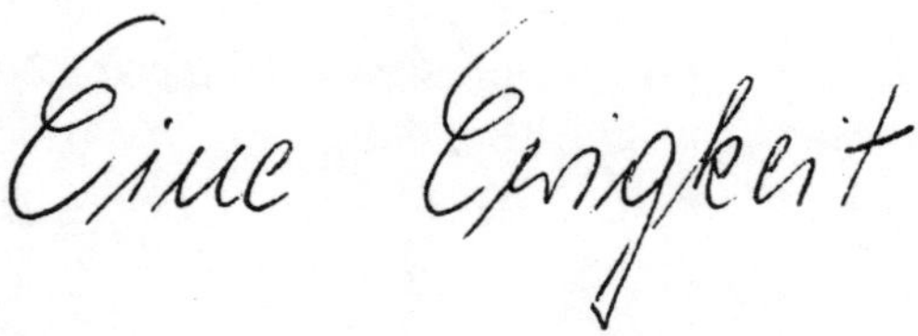

Einrollungen sind besonders häufig zu finden an Anfangsbuchstaben, z. B. dem großen „E“, symbolisch tritt eine Verzögerung im Schreibablauf ein, ein mit der Sache an sich, dem „E“ unnötig lange beschäftigen.
Das „E“ symbolisiert das „ICH“ der Person.

Mögliche Deutungen

— Mißtrauen,
Zugeknöpft sein,
Falschheit,
Lüge,
Heuchelei,
Selbstliebe,
Egoismus

Der Druck

Die körperliche und seelische Gesundheit eines Menschen und sein Maß an Vitalität drückt sich symbolisch in der Druckstärke aus. Beim Schreibvorgang setzt uns das Papier einen gewissen Widerstand entgegen; wie wir mit diesem Widerstand umgehen, zeigt welches Maß an Durchsetzungskraft und Selbstbehauptung wir haben.

Schwacher Druck

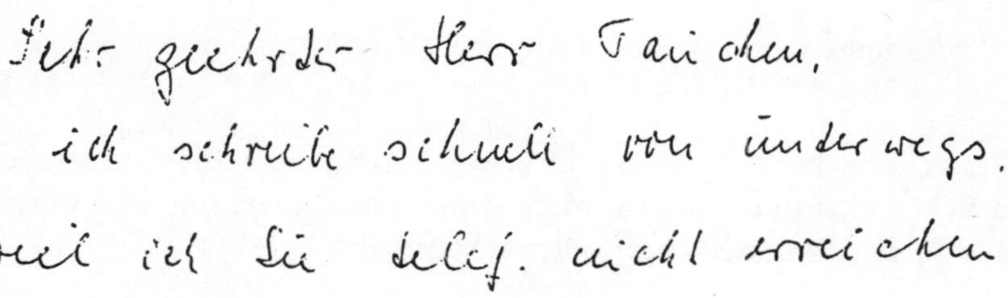

Der Druck, mit dem die Zeichen zu Papier gebracht werden, ist schwach, auf der Rückseite drücken sich keine Buchstaben durch das Papier. Den Druck festzustellen ist bei einer Originalschriftprobe schon schwierig, aber in der Fotokopie fast nicht möglich. Ausschlaggebend ist, wieviel und wie gut, d. h. wie vollständig die Buchstaben auf der Rückseite erkennbar sind.

Mögliche Deutungen

+	Sanftheit, Zartheit, Bildung, Intelligenz, Sensibilität, Weiblichkeit, künstlerischer Sinn, Beeinflußbarkeit
–	wenig Mut, wenig Selbstvertrauen, reduzierter Ehrgeiz, möchte am Leben nicht teilnehmen, Depressionen, Neurosen

Normaler Druck

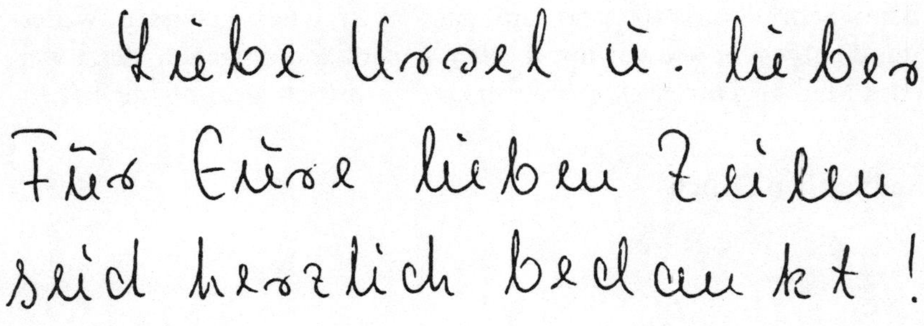

Hier herrscht eine ideale Druckverteilung vor, die Buchstaben drücken sich in normalem Maße durch das Papier, sind also durchaus auch von der Rückseite her erkennbar.

Mögliche Deutungen

+	Ausgeglichenheit, gute Gesundheit, Selbstvertrauen, gute soziale Anpassung

Starker Druck

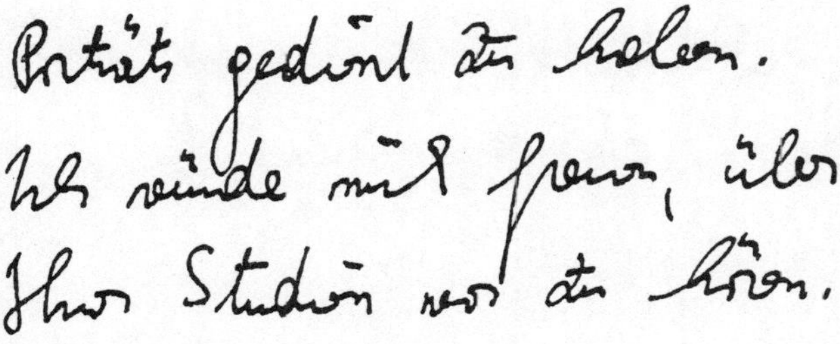

Die Zeichen sind mit verstärktem Druck zu Papier gebracht und sind auf der Rückseite sehr gut und in allen Einzelheiten erkennbar.

Mögliche Deutungen

+	Dynamik, Begeisterungsfähigkeit, Energie, Strebsamkeit, Willen, robuste Natur, Materialismus, Ehrgeiz, sehr gutes Selbstvertrauen, Glaube an die eigenen Fähigkeiten,
–	Egoismus, Männlichkeit

Sehr starker Druck

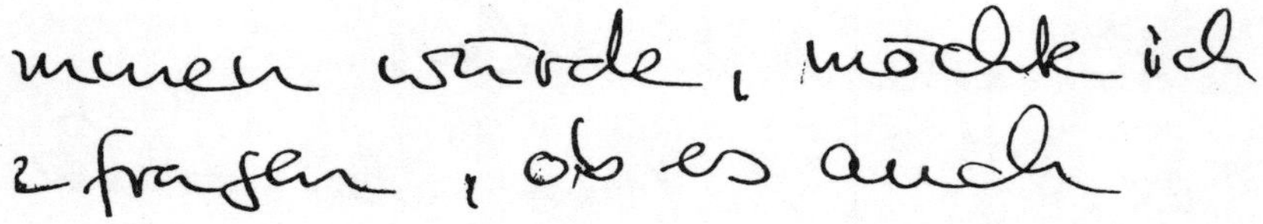

Hier herrscht wohl die negativste Druckgebung vor, die Zeichen sind brutal hart zu Papier gebracht und zerstören an einzelnen Stellen das Papier, die Feder oder der Kugelschreiber werden beim Schreiben fast verbogen, so unsanft wird mit ihnen umgegangen.

Mögliche Deutungen

—	Wut, Gewalt, versucht anderen den Willen aufzuzwängen, Gemeinheit, Härte

Merkmale der Form

In der Schule wird zuerst eine Art Grundgerüst, die Schulschrift, gelernt. Diese Grundlage wird je nach Charakter und Individualität im Laufe der Jahre stärker oder weniger stark abgewandelt. In Abhängigkeit vom Schreiber und dessen Temperament kann eine Schrift einfach, ungekünstelt und sachlich, nüchtern oder aber schwungvoll, positiv und schöpferisch sein. Beide erwähnte Charaktere finden ganz individuell ihren Ausdruck in der Schrift. Hier einige Beispiele:

Die bereicherte Schrift

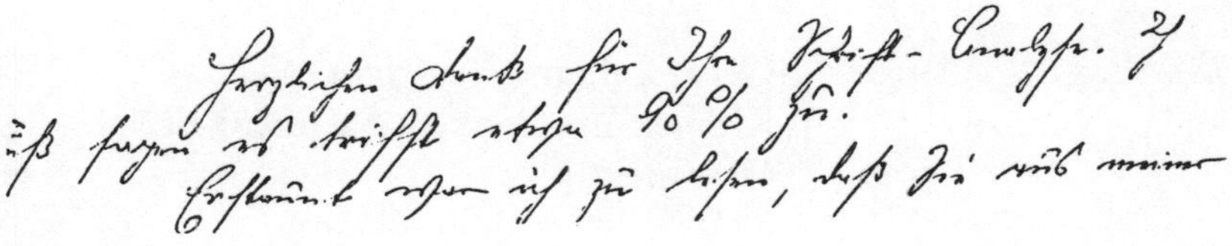

Eine mit vielen Schnörkeln und kleinen Zusätzen versehene Schrift. Eine Schrift, die stark von Gefühlen nach Präsentation des eigenen Formgefühls geprägt ist.

Mögliche Deutungen

+	geistige Beweglichkeit, Phantasie, heitere sorglose Natur
—	Eitelkeit, Mangel an Klarheit, gekünstelte Natur, Betrügerei, Unsittlichkeit

Die vereinfachte Schrift

eine Mutter setzte eine Annonce in die Zeitung, mit der Hoffnu
nen netten Menschen kennenzulernen. Als sie die Zuschrift vom

Sie ist einfach und vollkommen klar lesbar, sie will bewußt in erster Linie Informationen bieten und keinem Selbstzweck dienen und sich darstellen.

Mögliche Deutungen

+	Geistesbildung, Aufrichtigkeit, Klarheit im Denken, Sachlichkeit, Offenheit
—	einfacher, langsamer Verstand, Erdverbundenheit

Die regelmäßige Schrift

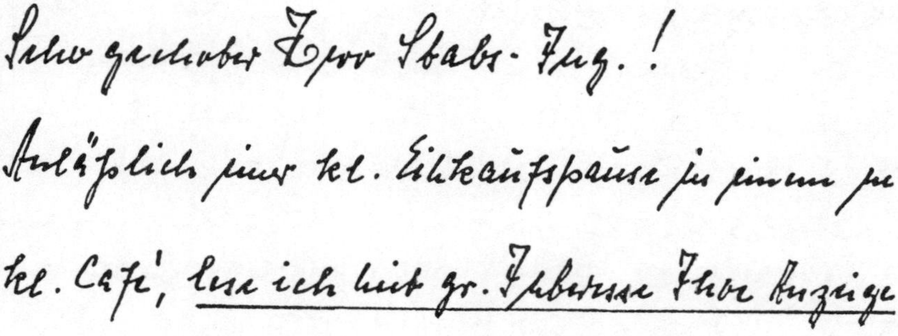

Die Schwankungen innerhalb der Buchstabenformen sind kaum feststellbar, der Wille lenkt hier den Schreibvorgang. Verstandesgemäß wird die Schrift in ein Schema, meist der Schulvorlage nahe, gepreßt, das absolut eingehalten wird.

Mögliche Deutungen

+	Wille, Intellekt, Verstand, Formempfinden, Ordnung, Ausdauer, Beständigkeit
–	Unsicherheit, Angst, Minderwertigkeitskomplex, möchte lieber im Hintergrund bleiben, Bescheidenheit, Zwang

Die ovale Schrift

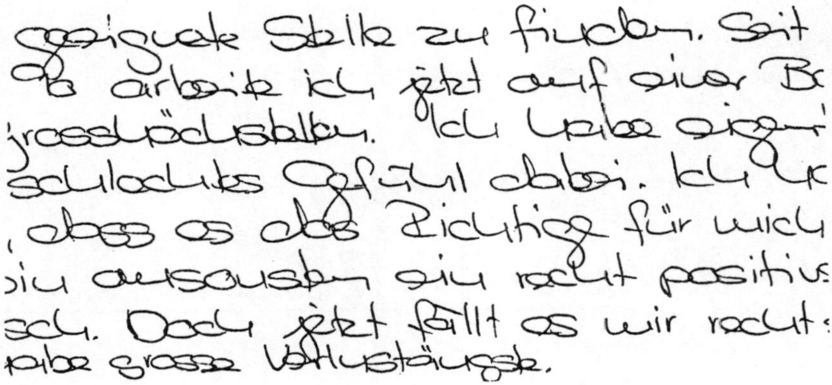

Die Buchstaben der Mittelzone, teilweise auch Ober- und Unterlängen, werden ins Ovale gezogen und dadurch stärker betont.

Mögliche Deutungen

+	Reserviertheit, Schüchternheit, Charme, gute Erziehung
–	geringe Verläßlichkeit, sexuelle Ambivalenz

Die vernachlässigte Schrift

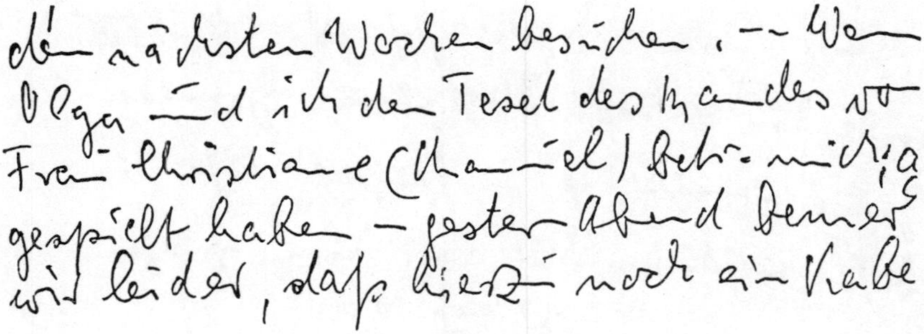

Unsauberer und wirrer, völlig ungeordneter Eindruck, schwer lesbar, unpräzise die Buchstaben, keinerlei Einheitlichkeit zu erkennen.
Wer so schreibt, kann in seinem Leben eigentlich auch nur ein einziges Chaos um sich herum verbreiten.

Mögliche Deutungen

— List, Verstellung, Faulheit,
Mangel an Selbstvertrauen,
wenig Ordnungssinn,
Nachlässigkeit,
wirrköpfige Aktivität

Die veränderliche Schrift

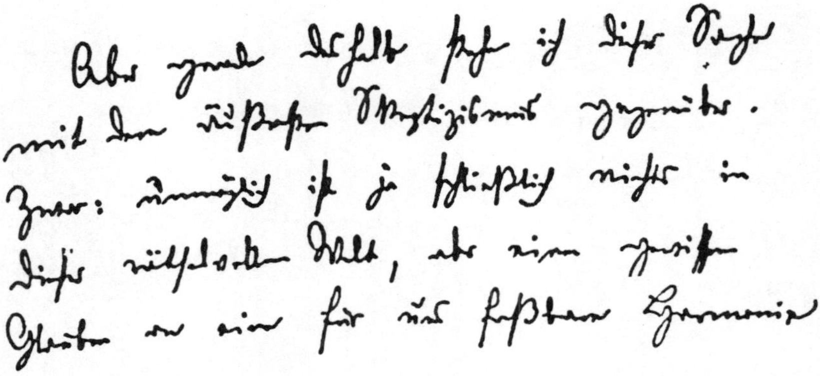

Die Buchstabenformen sind nicht in jedem Fall identisch, sondern verändern ihre Form innerhalb des Textes.

Mögliche Deutungen

+	Beeindruckbarkeit, Ambivalenz, wenig gefestigter Charakter
—	Gefühlserregbarkeit, Suggestibilität, Nervosität, Unausgeglichenheit, Falschheit

Die komplizierte Schrift

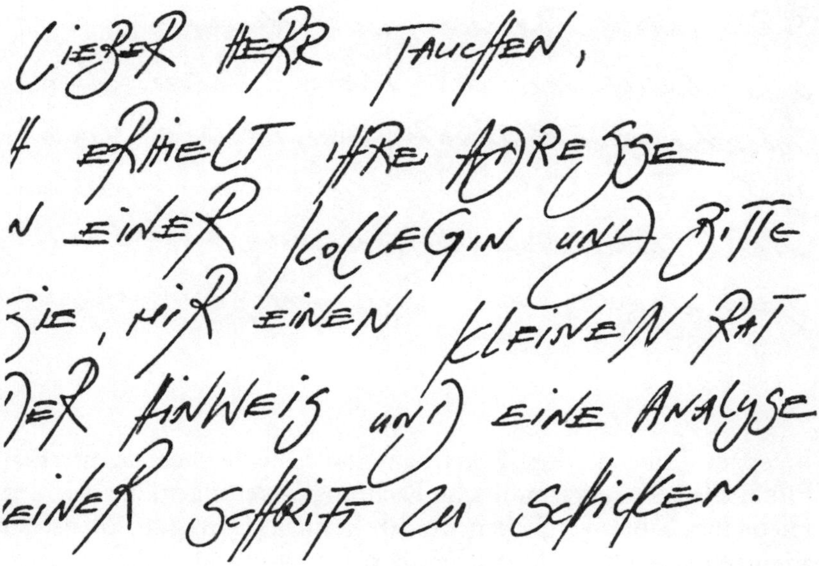

Eine Schrift, die völlig unnütze Striche in den einzelnen Buchstaben enthält, die der Ausschmückung dienen und bewußt die Individualität in den Vordergrund stellt.

Mögliche Deutungen

+	Übergenauigkeit
–	Eitelkeit, Selbstüberschätzung, Pose, Geltungsdrang, fehlendes Moralgefühl, Neurose, Selbstbewunderung

Säbelhiebe

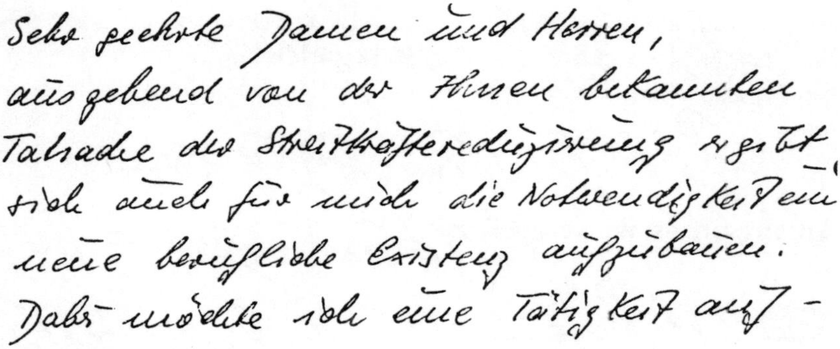

In erster Linie in den T-Strichen und Oberzeichen anzutreffen. Plötzliche sehr unharmonische Richtungsänderungen, die mit dem Hieb eines Säbels verglichen werden können. Häufig bei Menschen anzutreffen, die in militärischen Berufen tätig sind.

Mögliche Deutungen

+	kämpferische Natur, Leidenschaft, Ungezügeltheit
—	Reizbarkeit, Aggressivität, Überspanntheit

Anfangsbetonung

Anfangsbuchstaben stehen am Anfang eines Wortes als Beginn einer Information. Besonders ist dieses Phänomen bei Unterschriften zu beobachten, d. h. sie symbolisieren das erste Auftreten oder die Wichtigkeit des eigenen „Ichs“ z. B. beim Hereinkommen in einen Raum, also selbstbewußt und forsch oder ängstlich und zurückhaltend.

Anfangsbuchstabe vergrößert

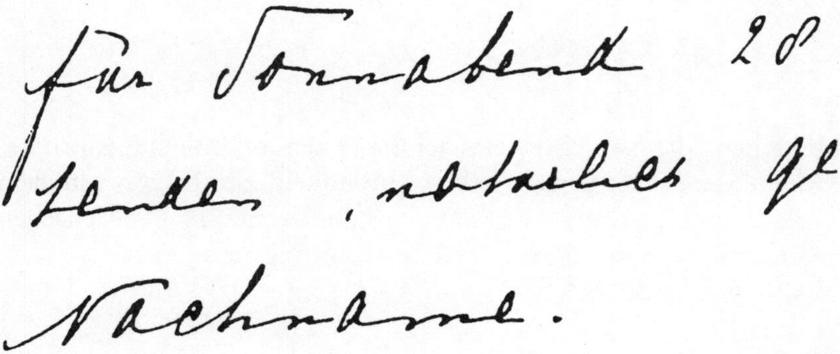

Alles, was uns wichtig ist, sehen wir vergrößert, dem geben wir mehr Aufmerksamkeit.

Mögliche Deutungen

+	Selbstbewußtsein, Ich-Bezogenheit, Charme
–	Arroganz, Oberflächlichkeit, auf Wirkung bedacht, Selbstdarstellung

Anfangsbuchstaben kaum größer oder genauso groß wie die Mittelzone

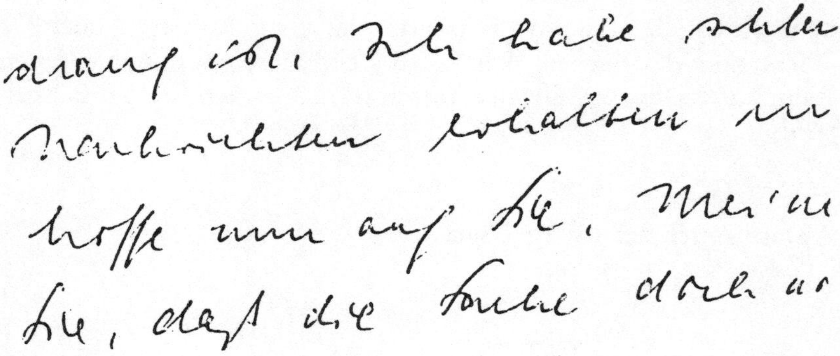

Menschen, die so schreiben, verabscheuen öffentliche Auftritte, meiden Menschenmengen, lieben Einsamkeit, Zurückgezogenheit.

Mögliche Deutungen

+	Bescheidenheit, objektives Denken
–	Unterwürfigkeit, Ängste, Minderwertigkeitsgefühl, Introversion, Selbstversenkung

Endbetonung

Sie zeigt, wie die Einstellung des Schreibers zum „Du" sich verhält und gibt Rückschlüsse auf den Realitätssinn.

Wortenden werden kleiner, schwertförmig

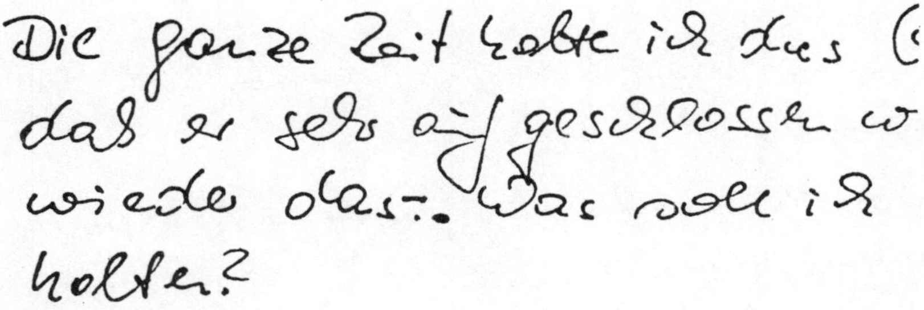

Die Wortenden werden gegenüber dem Wortanfang kleiner, laufen schwertförmig zu.

Mögliche Deutungen

+	Diplomatie, Einfühlungsvermögen, Vorsicht, gute Intelligenz

Spitze Endungen

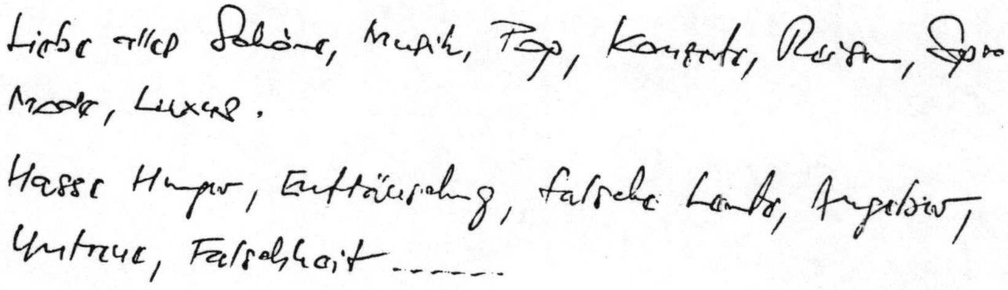

Die Endungen der Worte laufen spitz zu, enden entweder auf der Grundlinie oder horizontal.

Mögliche Deutungen

+	scharfer und kritischer Witz
–	Stichelei, Spitzfindigkeit, Schärfe, Zynismus, Entschlossenheit

Endungen breiter und offener

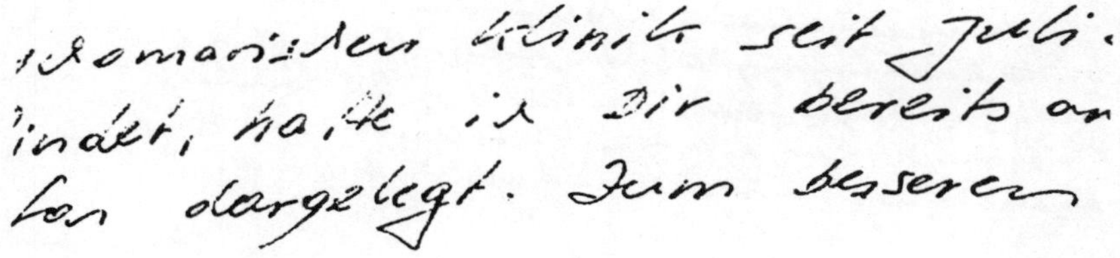

Hier besonders gut beim letzten Buchstaben des Wortes „besseren“ zu beobachten.

Mögliche Deutungen

\+ Offenheit, Naivität,
man sagt, was man denkt,
ohne über die Folgen nachzudenken

Nach oben gezogene Endungen

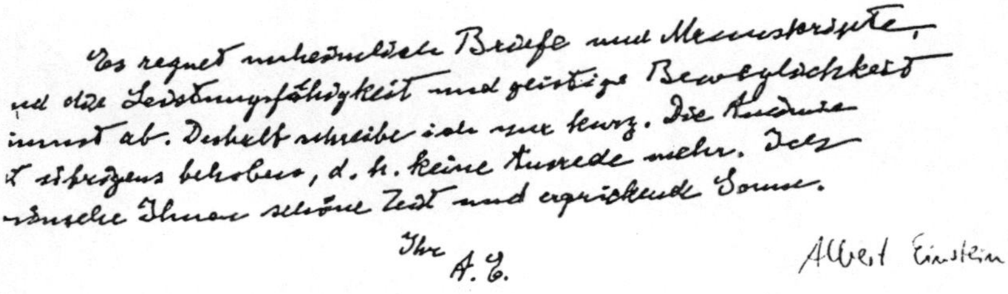

Es regnet unheimlich Briefe und Manuskripte, und die Leistungsfähigkeit und geistige Beweglichkeit nimmt ab. Deshalb schreibe ich nur kurz. Die [illegible] ist übrigens behoben, d. h. keine Ausrede mehr. Ich wünsche Ihnen schöne Zeit und erquickende Sonne.

Ihr A. E.

Albert Einstein

Mögliche Deutungen

+	Ehrgeiz, Karriere machen wollen, Sparsamkeit
–	Egoismus

Endfaden

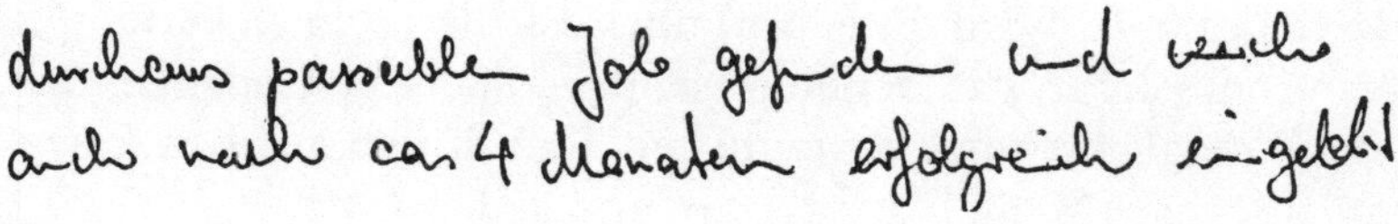

Das Wort endet in einem Strich auf der Zeile. Der Verfasser gibt der Form des letzten Buchstabens keine Bedeutung.

Mögliche Deutungen

—	Vernachlässigung, nicht an Kleinigkeiten aufhalten

Die Schreibgeschwindigkeit

Die Geschwindigkeit beim Schreiben gibt uns Aufschluß über die vorhandene Aktivität, die Intelligenz, das Temperament und die Vorstellungskraft. Wird die Schrift über das Blatt schnell verteilt, ist dies ein Indiz dafür, daß derjenige schnelle flüchtige Gedanken hat, die es gilt möglichst sofort festzuhalten. Er hält sich nicht an Einzelheiten auf, seine Mentalität ist aktiv und agil.

Die schnelle Schrift

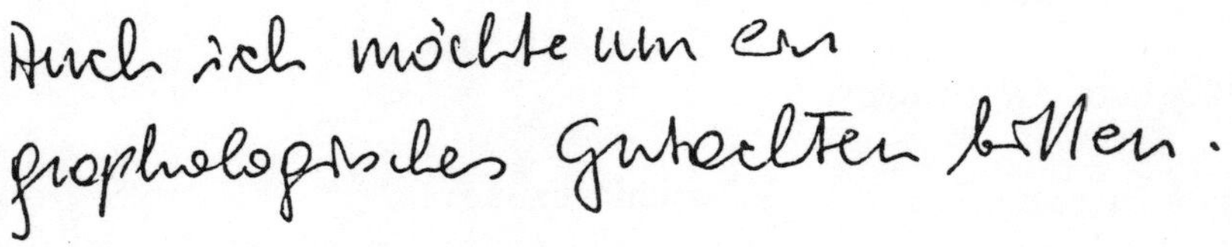

Die Formen sind vereinfacht, aber lesbar, die Oberzeichen sind mit der Mittelzone verbunden, alles wirkt in der Höhe reduziert. Es treten keine ausgeschmückten Zeichen auf, wir finden nichts als das unbedingt notwendige, um die Information zu vermitteln.

Mögliche Deutungen

+	allgemeine Überlegenheit, Bildung, geistige Regsamkeit, lebhafte Reaktionen, Spontaneität, rasche Auffassungsgabe
–	Unruhe, Erregung, Impulsivität, Ungeduld, Unbeständigkeit, Unausgewogenheit, Wankelmütigkeit

Die langsame Schrift

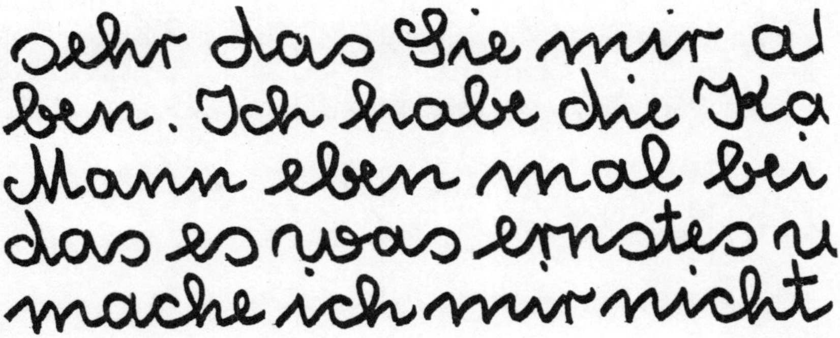

Die langsame Schrift ist das genaue Gegenteil der schnellen Schrift. Der Schreiber denkt genauso langsam, wie er schreibt, er hat eine Neigung zur Trödelei. Er hält sich an der Formung der Buchstaben auf und achtet weniger auf den Inhalt.

Mögliche Deutungen

+	komplizierter Geist, Vorsicht, Gewissenhaftigkeit, Nachdenklichkeit
–	Mangel an Vitalität, langsames Denken und Begreifen, Schwäche, Temperamentslosigkeit, Mindertwertigkeitskomplex, Bildungsmangel

Die gemäßigte Schrift

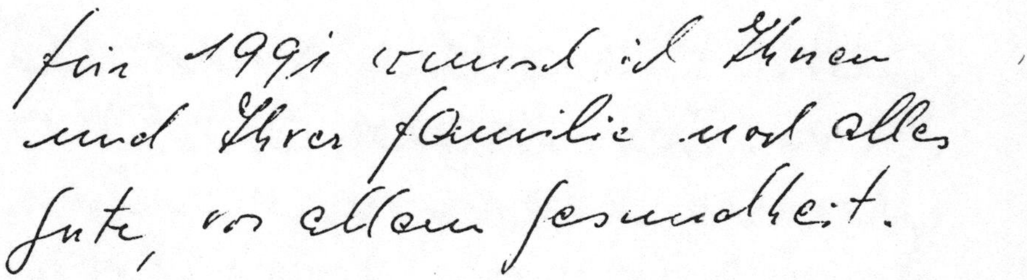

Form und Bewegung sind ausgeglichen. Es wird sowohl auf Aussehen, als auch auf Inhalt Wert gelegt.

Mögliche Deutungen

+	Intelligenz, beobachtender und nachdenklicher Geist, Gefühl für das Reale, Menschen mit gesundem Menschenverstand, Beständigkeit, Zuverlässigkeit
–	Routine, Vorurteile, Willensschwäche, Unentschlossenheit, Faulheit

Das Strichbild

Pastosität

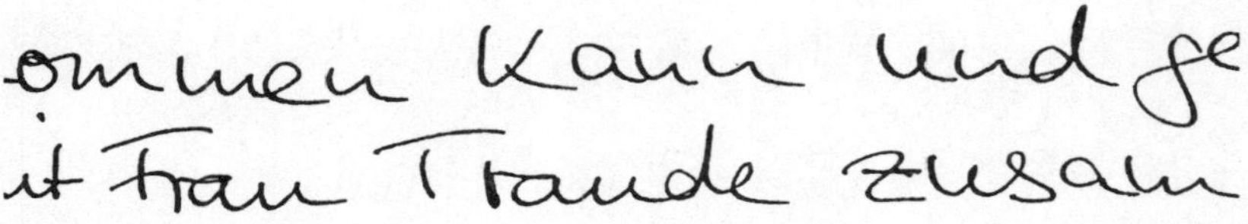

Beim pastosen Strich handelt es sich um eine Strichform, die dicker, verwaschener, schwieriger wirkt und häufig Deckstriche aufweist, d. h. Striche die doppelt gezogen werden.

Mögliche Deutungen

+	Schläue
–	Unmoral, Ausschweifungen, Sadismus, Grausamkeit, Lügenhaftigkeit, körperliche Schwäche, Krankheit, beschlagnahmender Egoismus

Schlaffer Strich

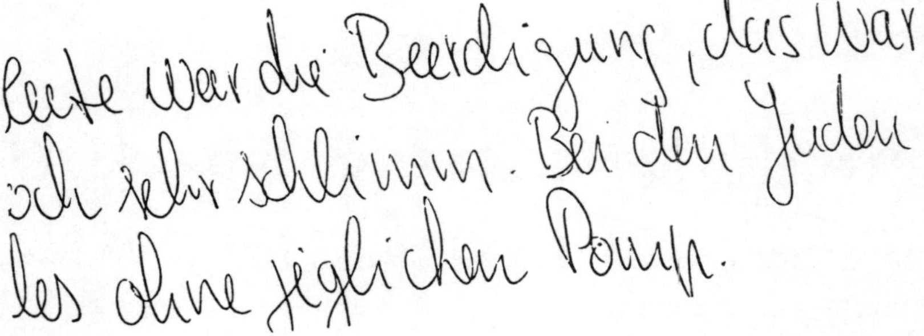

Das Schriftbild ist zu locker mit schlaffem Strich, ohne Spannung und Elastizität, der unregelmäßige Druck wirkt verstärkend auf den Gesamteindruck.

Mögliche Deutungen

—	Persönlichkeit wenig ausgeprägt, Ängstlichkeit, Ermüdung, mangelnde Vitalität, Nachlässigkeit

Stabstriche

Einzelne Buchstaben z. B. das „I“ werden bis auf einen einfachen Strich reduziert.

Mögliche Deutungen

+	Tatkraft, Realismus, Bildung, Ehrgeiz
–	Egoismus, Härte, Neurose, Frustrationen

Teigigkeit

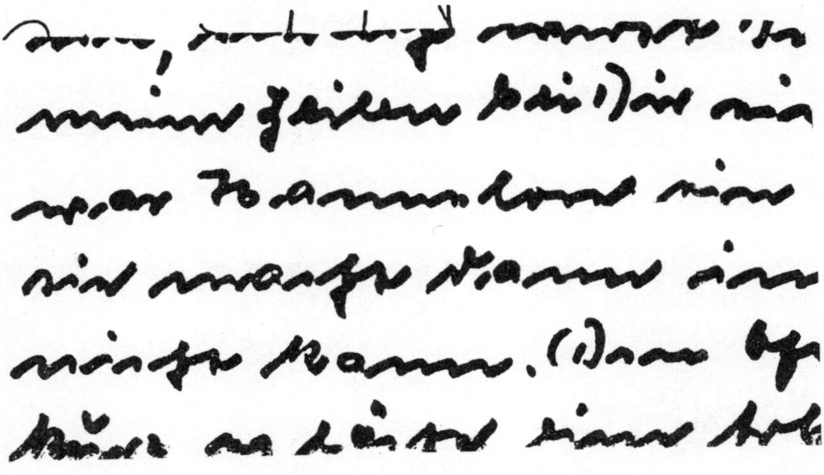

Einzelne Buchstaben, meist Vokale, sind gefüllt und verschmiert, dicke Deckstriche stören das Bild.

Mögliche Deutungen

+	Sinnlichkeit, Körpergefühl
—	Vulgarität, Verstellung, Falschheit, Amoralität, Senilität

Verdickungen

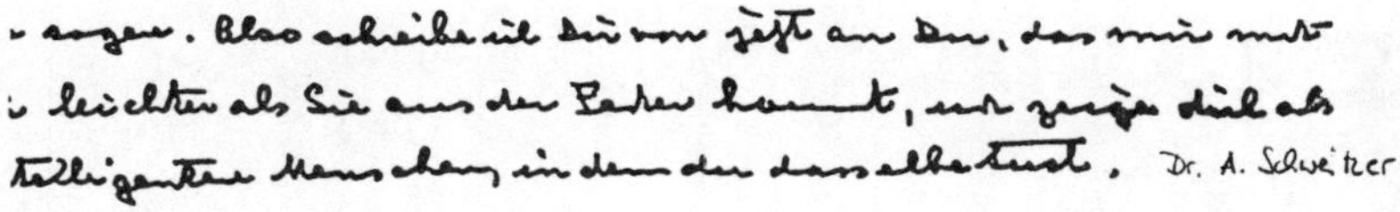

Die Schrift weist plötzliche horizontale oder vertikale Verdickungen der Strichstärke auf.

Mögliche Deutungen

horizontal	sexuelle Ambivalenz, mögliche Homosexualität
vertikal	Hemmungen, Neurosen, Labilität, innere Spannungen, sexuelle Zwangsvorstellungen

Zerhackter Strich

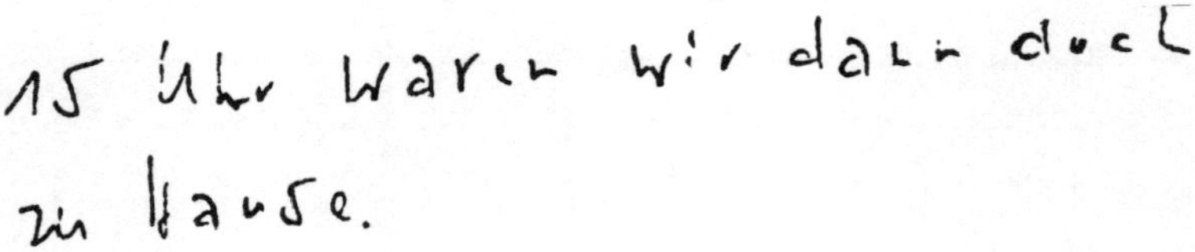

Die Strichführung ist an verschiedenen Stellen unterbrochen und wirkt dürftig und dünn. Dies deutet immer auf neuralgische Störungen hin, entweder durch psychische Störungen oder organische Veränderungen.

Mögliche Deutungen

—	Neigung zum Alkoholismus, Atem- und Leberstörungen

Merkmale des Raumes

Jeder Mensch benötigt zum Leben einen seiner Individualität entsprechenden Raum. Der eine liebt kleine, überschaubare Räume, die Geborgenheit und Sicherheit ausstrahlen, der andere liebt große, repräsentative Räumlichkeiten und fühlt sich in kleinen Räumen beengt. Dieser individuelle Raum, der zur Zufriedenheit eines Menschen unerläßlich ist, drückt sich auch in der Art und Weise aus, wie wir mit dem vorhandenen Platz, der uns, beispielsweise als Briefbogen, zur Verfügung steht, umgehen. Der Bogen Papier, um einen Brief zu schreiben, steht symbolisch für den uns zur Verfügung stehenden Lebensraum. Gemäß unserem Charakter füllen wir diesen Lebensraum aus.

Die Schriftlage

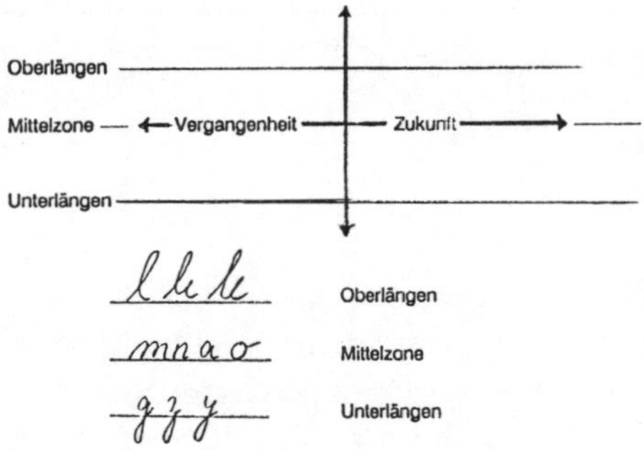

Je nach der Stärke der Ausprägung gibt man den 3 verschiedenen Zonen folgende Bedeutung

Oberlängen	Sitz des Intellekts und Geistes, Ehrgeiz, Eitelkeit, Neigung zu Mystizismus, Verträumtheit, hohe geistige Ziele
Mittelzone	Sitz des Herzens und der Seele, tatsächliches materielles Leben
Unterlängen	physische Kräfte, Triebe, sexuelle Neigungen, Pragmatismus

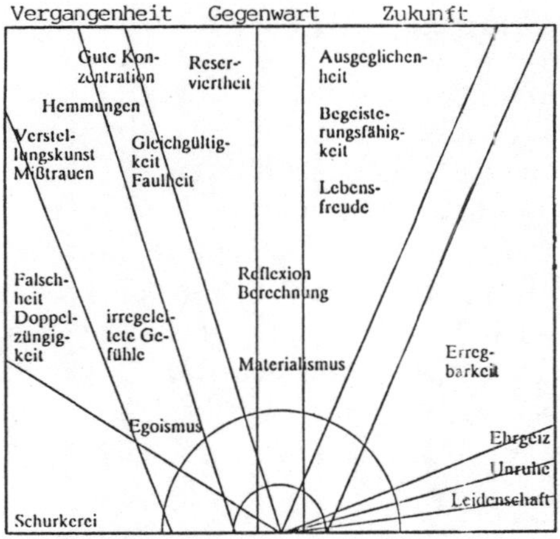

Schriftlage

Die Bedeutungen der Schriftlage umschließen bereits grundsätzliches für die weiterführende Deutung. Aus dem Schaubild ist ersichtlich, daß ein nach links geneigtes Schriftbild niemals positive Eigenschaften hat, während rechtsgeneigte Schriften eher positiv gewertet werden können. Hiermit kann zu Anfang einer Analyse generell eine Entscheidung getroffen werden, ob auch die weiteren Merkmale positiv oder negativ gewertet werden können. Ändert sich die Schriftlage innerhalb einer Schriftprobe, d. h. Buchstaben neigen sich einmal nach links und einmal nach rechts, ist die Person labil, in jungen Jahren hat sich ihr Charakter noch nicht gefestigt.

Schriftgröße und Schriftweite

In ihnen zeigen sich das Maß der Selbstbehauptung, welchen Platz der Schreiber im Leben einnehmen möchte und wie er sich an seine Umwelt, die Gesellschaft anpaßt.
Dies beinhaltet auch seine Selbsteinschätzung.

Die große Schrift

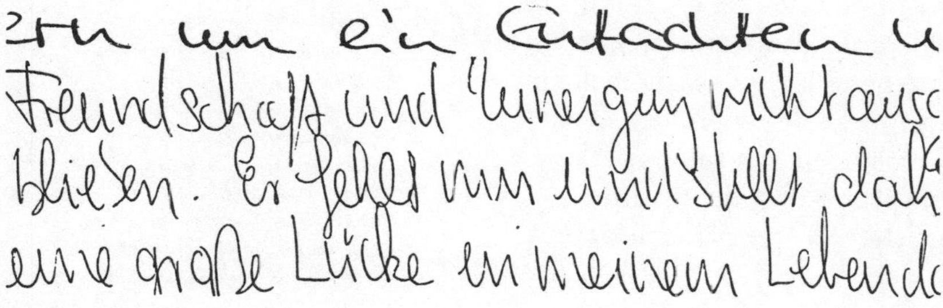

Eine Schrift gilt als groß, wenn die Großbuchstaben 1 cm und größer sind und die Kleinbuchstaben ca. 4 mm groß sind. Eine große Schrift beansprucht relativ viel Raum, d. h. die Persönlichkeit möchte immer viel Platz im Leben einnehmen und eine entsprechende Rolle spielen.

Mögliche Deutungen

+	physische Kraft, Selbstbewußtsein, Ehrgeiz, Stolz, Lebensfülle, Dynamik, Optimismus, Würde, Großzügigkeit, Äußerungsbedürfnis
–	starker Ich-Anspruch, Illusionismus, Ausschweifung, Prunksucht, Kompensation eines Minderwertigkeitskomplexes

Die kleine Schrift

Die Schrift kann als klein bezeichnet werden, wenn die Großbuchstaben ca. 5 mm, die Kleinbuchstaben ca. 2 mm und kleiner sind. Es ist die Schrift des Intellektuellen, der eher bescheiden mit seinem Platzanspruch umgeht, da ihm geistige Werte näher liegen.

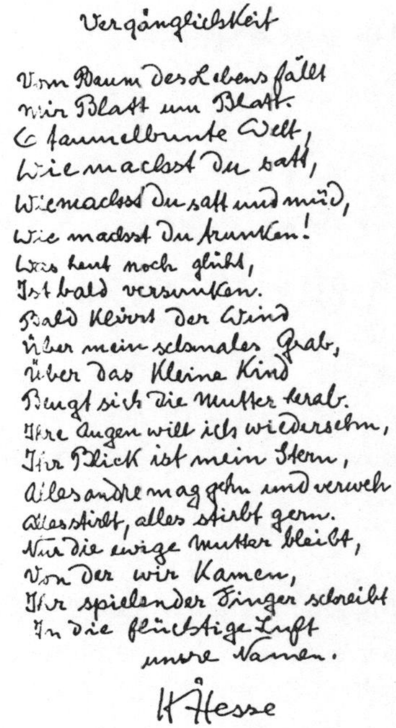
Vergänglichkeit

Vom Baum des Lebens fällt
Mir Blatt um Blatt.
O taumelbunte Welt,
Wie machst du satt,
Wie machst du satt und müd,
Wie machst du trunken!
Was heut noch glüht,
Ist bald versunken.
Bald klirrt der Wind
Über mein schmales Grab,
Über das kleine Kind
Beugt sich die Mutter herab.
Ihre Augen will ich wiedersehn,
Ihr Blick ist mein Stern,
Alles andre mag gehn und verwehn,
Alles stirbt, alles stirbt gern.
Nur die ewige Mutter bleibt,
Von der wir kamen,
Ihr spielender Finger schreibt
In die flüchtige Luft
unsre Namen.

H Hesse

Mögliche Deutungen

+	reiches Innenleben, Konzentration, geistige Arbeit, Beobachtungsgabe, Objektivität, Denker, Wissenschaftler, Intuitionstypen, Genauigkeit, Präzision, Gelehrsamkeit, analytischer und synthetischer Geist
–	äußert sich wenig, beschränkt gesellig, Furcht, Einsamkeitsbedürfnis, Bescheidenheit, falsche Bescheidenheit, Minderwertigkeitskomplex, Versagungsgefühl, Überempfindlichkeit, Besorgnis, Kleinmut, Skepsis, Mißtrauen, Sparsamkeit, getraut sich nicht, Raum in der Welt zu beanspruchen

Die sehr kleine Schrift

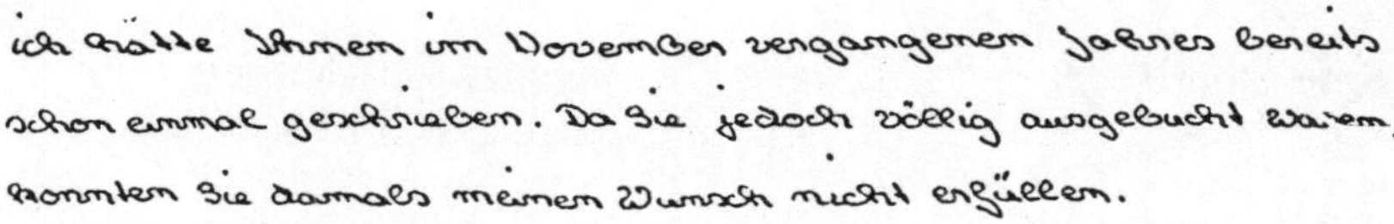

Die Buchstaben liegen hier noch unter dem Größenverhältnis der kleinen Schrift und sind deshalb auch recht schwer lesbar. Der Informationswert ist herabgesetzt.

Mögliche Deutungen

– Neurose, Mutlosigkeit, Pessimismus, Angst vor dem Leben, Minderwertigkeitskomplex

Besonderheiten

unterschiedlich ausgeprägte Ausschläge in Ober- und Unterlängen, es herrschen vor

große Oberlängen	Ehrgeiz, Intelligenz, Vertrautheit, Mystizismus, Stolz, Wahnvorstellungen
große Unterlängen	materielle und sexuelle Wünsche, Pragmatismus, körperliche Betätigung, Vitalität
beide verlängert	intellektueller und materieller Ehrgeiz, Frustration

Die niedrige Schrift

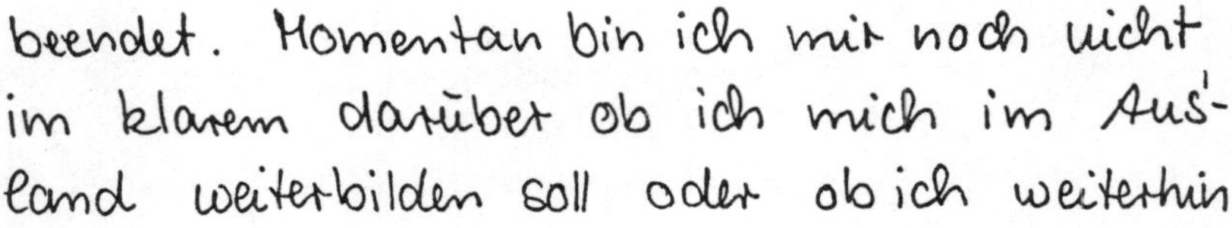

Es handelt sich um eine Schrift mit sehr niedrigen Ober- und Unterlängen.
Dieser Mensch hat vom materiellen Standpunkt aus nur sehr geringe Ansprüche, und er lehnt Ausschweifungen und Exzesse in allen Bereichen grundsätzlich ab.

Mögliche Deutungen

+	schwache Bedürfnisse im materiellen, körperlichen und geistigen Bereich, Introversion, Verzicht auf Kampf, physische Schwäche
—	egozentrische Haltung, falsche Vesprechungen, nicht hilfsbereit

Die Schriftweite

Wie weit eine Schrift ist oder wie eng aneinander die Buchstaben und Wörter gesetzt sind, enthüllt, wie frei oder gezwungen dieser Mensch in seinen Lebensäußerungen ist.

Die weite Schrift

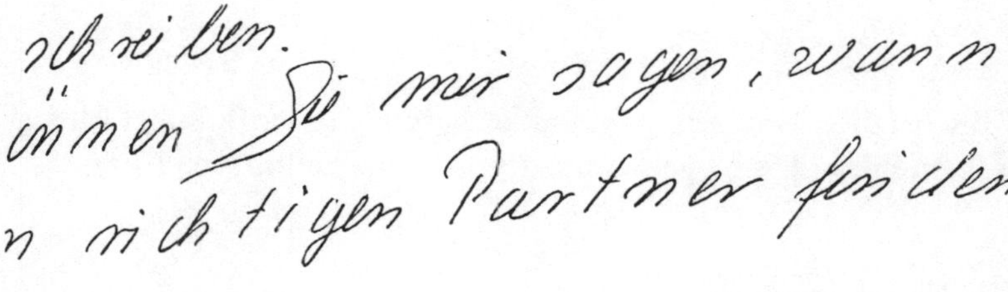

Mögliche Deutungen

+	Lebensfroh, Leichtigkeit, Spontanität
–	Selbstkontrolle, Energie-Hemmung

Die enge Schrift

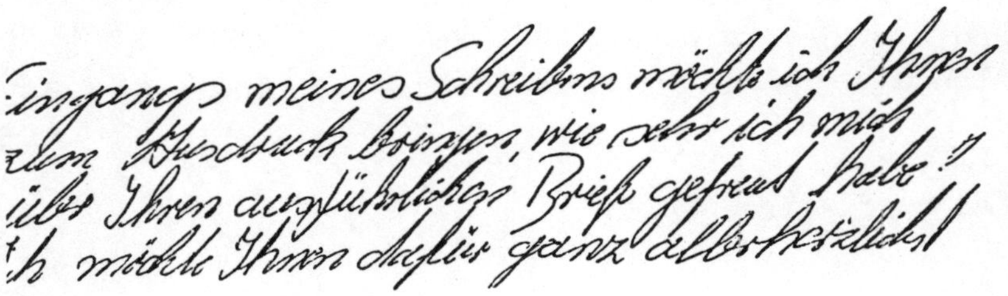

Die Buchstaben sind eng aneinander gesetzt, lassen kaum Luft dazwischen, derjenige ist gezwungen und kann kaum atmen.

Mögliche Deutungen

+	nicht spontan, Schüchternheit, gezwungen
—	unnatürlich, innere Probleme nicht gelöst, Neurose, quält sich mit etwas herum

Die maßvolle, ausgewogene Schrift

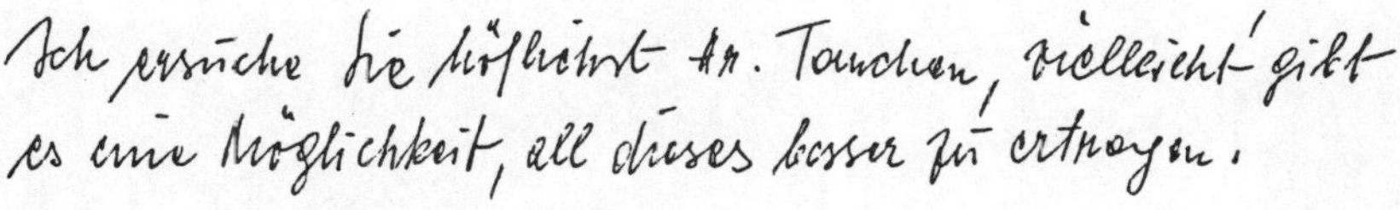

In dieser Schrift herrscht der kluge Mittelweg vor, sie ist weder zu eng noch zu weit, das rechte Maß. Dieser Schreiber findet auch im Leben das rechte Maß, den goldenen Mittelweg. Unter Berücksichtigung der anderen Merkmale kann allerdings auch hier eine weniger positive Deutung möglich sein.

Mögliche Deutungen

+	innere Ruhe, ausgeglichenes Wesen
–	zu stark angepaßt und dadurch Gleichgültigkeit, mangelnde Intelligenz, Kälte, Routine, Mangel an Imagination

Die weit ausladende Schrift

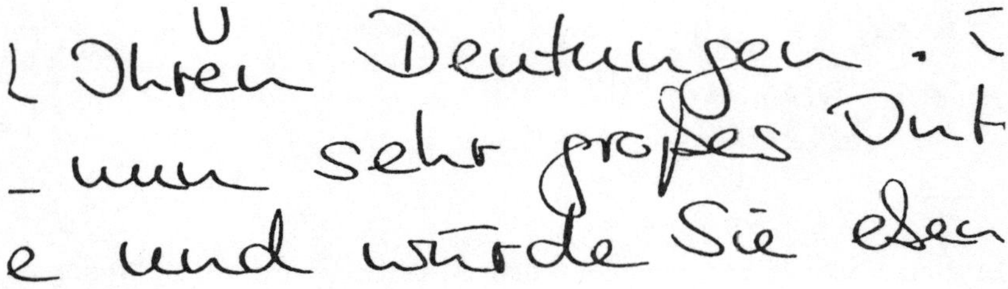

Diese Schrift ist meistens an der Basis verbreitert und bildet dadurch mehr Schreibgestik als eigentlich notwendig. Der Schreiber benötigt entweder mehr Raum und gibt deshalb den Buchstaben mehr Weite, oder er hat so wenig zu sagen und ist bemüht, durch ausladende Buchstaben den vorhandenen Raum sinnvoll auszunutzen.

Mögliche Deutungen

+	Lebensfreude, Entwicklungsbereitschaft, Vitalität, Spontanität, schöpferische Imagination, Geselligkeit, brillante Intelligenz, Leichtigkeit der Gestik, Liebe zu Schönem, Luxus
–	Mangel an innerem Gleichgewicht, wenig Selbstbeherrschung und Takt, verschwenderisch, beschlagnehmende Persönlichkeit, Bedürfnis, die Aufmerksamkeit auf sich zu ziehen

Der Zeilenverlauf

Der Verlauf einer Zeile läßt sich häufig mit dem bloßen Auge erkennen, vor allem dann, wenn er innerhalb einer Schriftprobe veränderlich ist. In manchen Fällen ist jedoch die Abweichung vom geraden Verlauf so geringfügig, daß nur durch Unterlegen eines Lineals der eigentliche Verlauf feststellbar ist. Man sollte sich also nicht nur aufs bloße Auge verlassen, sondern durchaus Hilfsmittel zur Hand nehmen.

gerade Linie	Ausgeglichenheit, Bildung, Intelligenz, Vertrauenswürdigkeit, Pünktlichkeit
zu gerade Linie	Neurosen, Phobien, Komplexe, psychische Störungen, Zwänge
Wellenlinie	Labilität, Unausgeglichenheit, Feigheit, psychische Krankheiten, Verlogenheit
Zeile ansteigend	Optimismus, Ehrgeiz
Zeile stark ansteigend	Neurose
Zeile fallend	Pessimismus, Enttäuschung, Depression, Krankheit, Melancholie, Leiden
Konvexe Zeile	wechselnde Begeisterung, Aufnahmefähigkeit, Beeindruckbarkeit
Konkave Zeile	anfänglicher Schwung läßt nach
unterschiedliche Zeilenführung innerhalb einer Schriftprobe	starke Labilität, latente Psychose

Der Zeilenabstand

Hierbei handelt es sich um die Größe des Abstandes der Zeilen zueinander. Dieses Merkmal wird in seiner Aussage noch stärker, berücksichtigt man das Verhältnis zwischen Wortabstand und Zeilenabstand.

regelmäßig	Bildung, Ausgeglichenheit
sehr groß	Unabhängigkeitsbedürfnis
übertrieben groß	Intellektuelle und emotionale Einsamkeit, Kontaktschwierigkeiten, Autismus
unregelmäßig	Neurose

Die Wortabstände

gleichmäßig, gemäßigt	Ausgeglichenheit, klarer ordnungsliebender Verstand, Pünktlichkeit, Loyalität bei der Arbeit
sehr groß	Vereinsamung, Neigung zu Luxus, Großzügigkeit, sog. „Inselschrift"
nicht vorhanden	Geistesverwirrung, Zwangsneurose
Wörter ineinander verstrickt	Schizophrenie
unregelmäßig	Gefühlsstörungen, Depressionen

Die Raumeinteilung

Die Ränder

Der linke Rand

groß und regelmäßig	klarer Geist, Großzügigkeit
abnehmend	Vorsicht, Angst, Müdigkeit, Depression
breiter werdend	strebt nach Unabhängigkeit, Unvorsichtigkeit, Impulsivität, leichte Beeinflußbarkeit
fehlt	mangelnde Bildung und Urteilsfähigkeit, fehlende Reife, Egoismus, Geiz, Schutzbedürftigkeit
unregelmäßig	Labilität, reduzierte Glaubwürdigkeit

Der rechte Rand

breit	Angst vor der Zukunft und sozialen Kontakten, Schüchternheit, Realitätsscheu, Sensibilität, Hemmung
schmal	Anpassungsfähigkeit, gesundes Urteilsvermögen, Ausgeglichenheit
schmaler werdend	Wunsch, Schwierigkeiten zu überwinden, soziale Anpassung zu erreichen, Selbstzweifel, Sorglosigkeit
breiter werdend	Schwung läßt nach, macht Zweifeln Platz, Mißtrauen, Angst

sehr schmal, fehlend	aufdringlicher Charakter, fehlt Takt, Maß- und Voraussicht egoistisch, selbstbezogen, verschwenderisch, schwätzerisch, ohne Hemmungen
unregelmäßig	Instabilität

Der obere Rand

oben breit	Höflichkeit, Respekt, übertriebene Bescheidenheit, Minderwertigkeitskomplex
nicht vorhanden	Mangel an Bildung, Egoismus, Geiz

Der untere Rand

breit	Organisation, Bedürfnis nach Harmonie, Respekt vor anderen
sehr breit	sexuelle Hemmungen
nicht vorhanden	Mangel an Voraussicht, Egoismus, Sinnlichkeit, Materialismus, Geiz
Regelmäßiger Rand auf allen Seiten	Organisationssinn, künstlerische Veranlagungen
zu großer Rand auf allen Seiten	psychische Krankheit, Neurose, starker Minderwertigkeitskomplex

Die Adresse

Eine Schriftprobe erreicht uns mit ihrer ersten Aussage bereits beim Eintreffen per Post, nämlich über die Aussagekraft der Plazierung der Adresse.

1. nach rechts gesetzte Adresse

Bedeutungen: Ausgeglichenheit, Bildung, Ordnungssinn, Optimismus

2. nach links gesetzte Adresse

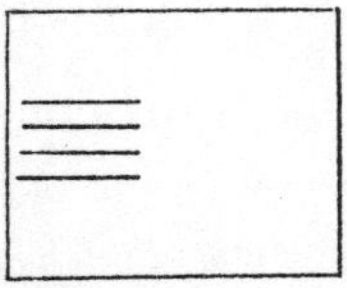

Bedeutungen: Frustration, Hemmung, Zögern, Schüchternheit, von Konventionen abhängig

3. nach oben gesetzte Adresse

Bedeutungen: Stolz und Freiheitsdrang, Respektlosigkeit, Anmaßung, Mangel an Bildung, Heftigkeit

4.

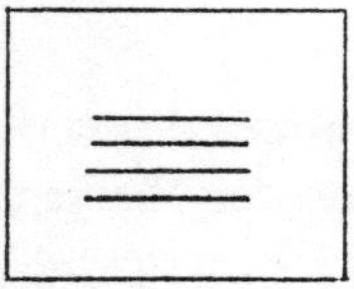

mittig gesetzte Adresse

Bedeutungen

Konzentration, Selbstbewußtsein, Entfaltungsdrang, Aktivität, Offenheit

5.

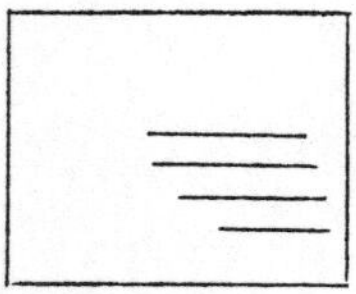

treppenförmig plazierte Adresse

Bedeutungen

Zögern, Vorsicht, Mißtrauen, Risikoangst

6.

nach unten plazierte Adresse

Bedeutungen

Bescheidenheit,
bis zur Unterwürfigkeit, Respekt,
Hemmung

Die Unterschrift

Die Unterschrift muß immer ähnlich wie die Adresse auf dem Umschlag mit der Schrift des Gesamten im Zusammenhang betrachtet werden. Die Unterschrift im Verhältnis zum Text drückt die Präsentation des Schreibers nach außen aus, welchen Platz er im Leben gerne einnehmen möchte. Die Unterschrift gelöst vom Text ist deshalb auch nur schwer zu bewerten.

Unterschrift nach rechts gerückt, etwas vom Text abgesetzt, keine Abweichung vom Text:

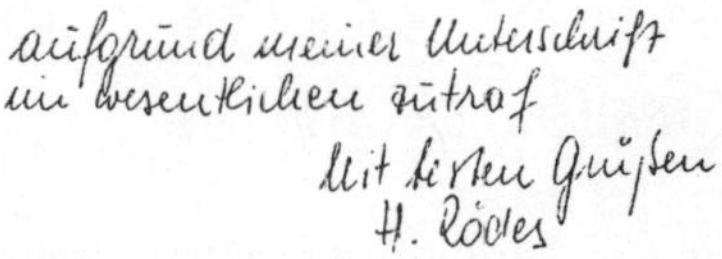

Mögliche Deutungen

Ehrlichkeit, Loyalität, Moralität, Klarheit, physisches Gleichgewicht, intakte Persönlichkeit, gutes Selbstwertgefühl.

Stark abweichende Unterschrift

Hierbei muß immer berücksichtigt werden, in welcher Form die Abweichung stattfindet. Die häufigste Form der Abweichung ist eine größere Unterschrift als der restliche Text.

Mögliche Deutungen

physische Labilität, Unehrlichkeit, Verstellung, Lügenhaftigkeit, Falschheit, Schläue im Geschäftsleben, enthüllt, was der Schreiber gerne darstellen möchte.

Unterschrift mit großen Anfangsbuchstaben und Ausschmückungen, Schnörkeln

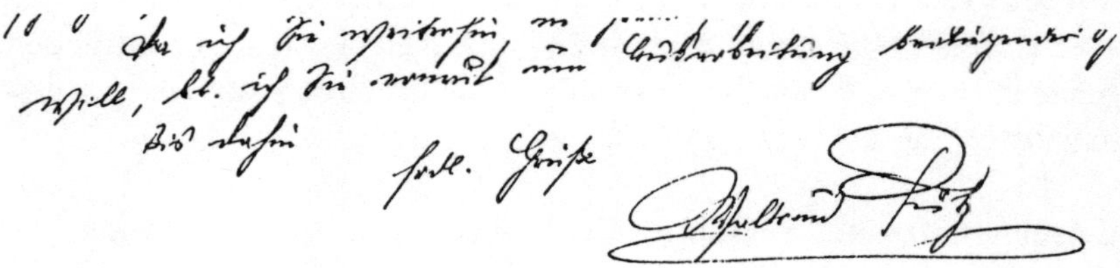

Mögliche Deutungen

Stolz, Eitelkeit, Verachtung, materielle Begehrlichkeit, Ehrsucht, paranoide Neurose

Unterschrift kleiner als der Text

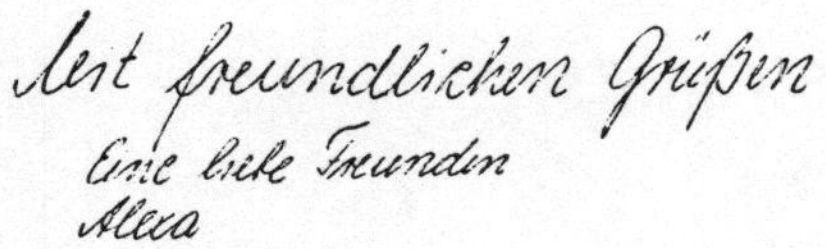

Mögliche Deutungen

Übertriebene Bescheidenheit,
Zweifel an eigenen Kräften,
Fähigkeiten,
Minderwertigkeitskomplex

Unterschrift eingeschlossen zwischen Strichen oder Verzierungen

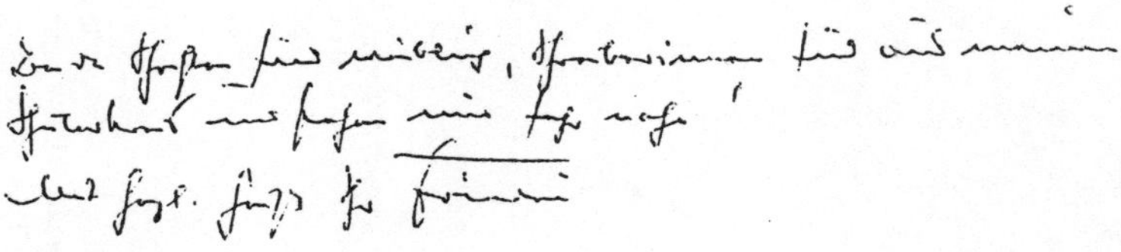

Mögliche Deutungen

Aggressivität, Materialismus, Arroganz, Traumtänzer

Unterschrift durch Schlußstrich durchgestrichen

Mögliche Deutungen

suizidie Tendenzen, Depression, dieser Mensch nimmt sich selbst nicht an und richtet zerstörerische Kräfte gegen sich

Unterschrift unterstrichen

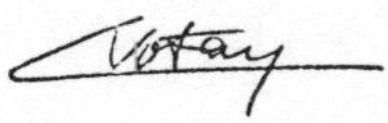

Mögliche Deutungen

Stolz und starke Ich-Bezogenheit

Unterschrift am Ende mit Punkt

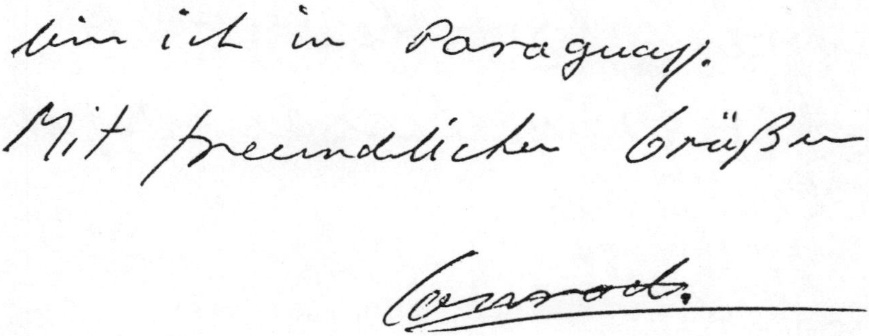

Mögliche Deutungen

Vorsichtigkeit, Mißtrauen, Lüge

Unterschrift unleserlich

Mögliche Deutungen

Lüge, will verbergen; diesem Schreiber ist nicht daran gelegen, aus welchen Gründen auch immer, die Information rüber zu bringen. Manchmal ist dies auch durch äußere Umstände bedingt, z. B. Personen, die sehr häufig unterschreiben müssen, neigen eher zu einer Vereinfachung der Unterschrift, da dies einen praktischen Nutzen hat.

Unterschrift zu nah am Text

Nochmals vielen Dank
Mit freundlichen Grüßen
Roswitha

Mögliche Deutungen

krankhafte Abhängigkeit, Angst, Schutzbedürfnis

Unterschrift zu weit vom Text entfernt

für mich. Mein glaube an diesen Dingen wird
immer fester.

Mit freundlichen
Gruß Sonja

Mögliche Deutungen

Verschlossenheit, Autismus

Unterschrift rechts	normales Maß an Aktivität
Unterschrift mittig	Hemmung, Zurückhaltung, Mangel an Selbstvertrauen, unsicher in Entscheidungen
Unterschrift druckstärker	Leidenschaft, die verborgen werden möchte
Unterschrift unterstrichen	Stolz, Selbstzufriedenheit

Oberzeichen und Verzierungen

Die Oberzeichen und kleinere Zeichen in der Schrift, die häufig nur mit der Lupe entdeckt werden können, sind für den erfahrenen Graphologen nach Beurteilung der anderen Merkmale besonders aufschlußreich, da sie nicht bewußt gestaltet werden, sondern stärker vom Unbewußten gesteuert sind.
Ein völliger Verzicht auf Oberzeichen bedeutet Unabhängigkeit, Nachlässigkeit, Trägheit und Menschenverachtung.

Der i-Punkt

weit oben	Einbildungskraft, Idealismus, utopisches Denken, Illusion
weit unten	Materialismus, Berechnung, Realismus
hinter dem Buchstaben	Hast, Eile, Ehrgeiz, Ungeduld, Aktivität, rasche Auffassungsgabe
vor dem Buchstaben	Hemmung, Angst, Pessimismus, Zweifel
Punkt als Form von Akzenten	Eitelkeit, Heuchelei, Lüge, Neurose
kreisförmiger Punkt	Mangel an Kultur, Mythomanie, Snobismus
i-Punkt mit folgendem Wort oder Zeichen verbunden	Lebhaftigkeit der Ideen, Bildung, große geistige Aktivität, analytischer Verstand
zusätzliche, an sich überflüssige Punkte	Angst, Furcht, Mißtrauen, Lüge, körperliche und seelische Krankheiten

Haken, Schnörkel, Einrollungen

haben grundsätzlich negative Bedeutungen

Haken

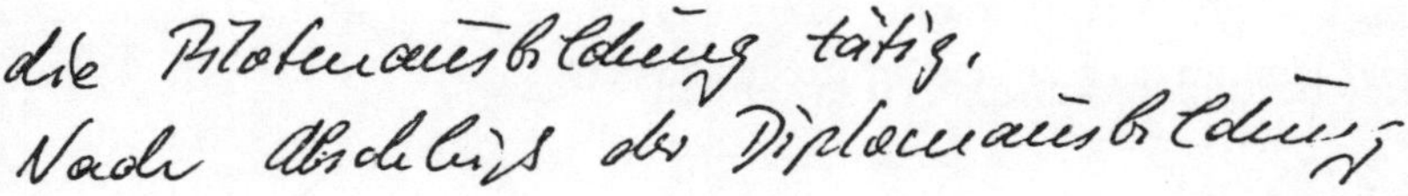

Hier in Form von Greifzügen in den Unterlängen.

Mögliche Deutungen

Habsucht, Materialismus, Egoismus, Gemeinheit, Schläue, Wut, Gier, Beschlagnahme, Schikanieren, Prozeßsucht

Schnörkel

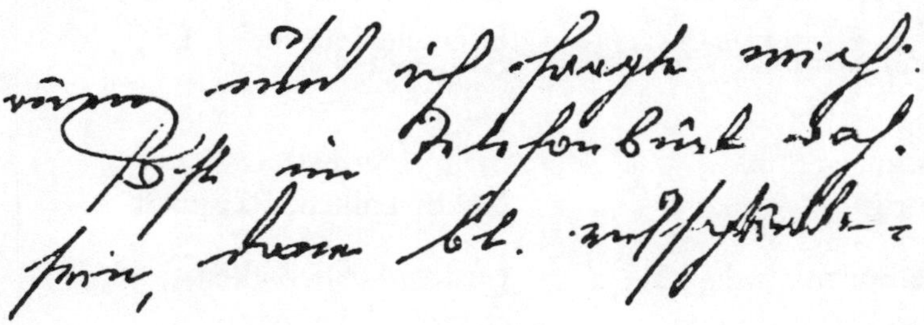

Mögliche Deutungen

Stolz, Mangel an Bildung, Falschheit, Schläue, sich darstellen, wirken, Minderwertigkeitskomplex kompensieren.

Einrollungen

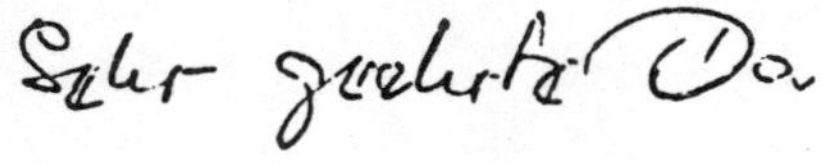

Hier besonders am „S“ zu erkennen.

Mögliche Deutungen

Narzißmus, Egoismus, Verstellungskunst, Hemmung, Lüge, Ich-Bezogenheit.

Der t-Strich

In der Gestaltung des t-Striches zeigt sich das Temperament des Willens, der Unternehmungsgeist des Schreibers.

t-Strich fest und gerade	Unternehmergeist, Elan
regelmäßig, immer vorhanden	Ausdauer
zu hoch	Willkür
zu niedrig	Gehorsamkeit, Passivität
zu weit rechts	geistige Schnelligkeit
zu weit links	geistige Langsamkeit, Hemmung
spindelförmig	sanfter Starrkopf
Winkel	Eigensinn, Unversöhnlichkeit

Verbesserungen

Sie können ganz unterschiedliche Ursachen haben. Einmal schreibt derjenige so schnell, seine Gedanken eilen so schnell voraus, daß ihm kleine Fehler passieren, die er vielleicht erst beim Durchlesen merkt und verbessert, um trotzdem eine optimale Lesbarkeit zu gewährleisten, dies spricht für Klarheit des Geistes, gutes Bewußtsein, Präzision. Zum anderen können Verbesserungen auch willkürlich und vollkommen sinnlos für den Leser angebracht sein, dann deutet dies auf die Absicht der Täuschung hin und auf Heuchelei.

Zahlen

Zuerst sollte man die Anordnung der Zahlen auf dem Blatt und zueinander betrachten. Ist diese ordentlich und übersichtlich, spricht dies für Selbstbeherrschung, Objektivität, Präzision, Ehrlichkeit.

klare Zahlen	Klarheit des Geistes, will nichts vortäuschen
fehlerhafte Zahlen	Mangel an Solidarität und Klarheit
Zahlen eng und gedrückt	Sparsamkeit, Geiz
Zahlen reduziert	synthetischer Geist, Erfassen des Wesentlichen
komplizierte Zahlen	Egoismus

Merkmale für Falschheit, Lüge, Unehrlichkeit

Vorsicht, auch hier bitte keine Merkmalsdeuterei betreiben! Merkmale von Unehrlichkeit finden sich praktisch in jeder Handschrift, denn jeder Mensch kann in bestimmten Stituationen unehrlich reagieren, denken wir nur an die häufig benutzten „Notlügen", jedoch kann man ihn deshalb nicht als notorischen Lügner bezeichnen. Erst wenn mehr als 5 der aufgelisteten Merkmale und deren regelmäßige Wiederholung in einer Schriftprobe auftreten, dann erst sollte uns dies zu denken geben.

linksgeneigte Schrift

Schnörkel, Haken

Verbesserungen

Arkaden

unterschiedliche Buchstaben werden gleich geschrieben

unregelmäßige Größe der Buchstaben

Wellenlinien

überflüssige Punkte, besonders in der Unterschrift

Adresse und Unterschrift unterscheiden sich extrem voneinander

Abstriche von „M" und „N" verlängert

Vokale im Uhrzeigersinn geschrieben

nach unten geöffnete Vokale „a" und „o"

Großbuchstaben stehen unterhalb der Grundlinie

Deckzüge

Zeilen ineinander verstrickt

Merkmale für Krankheiten

Ähnlich, wie es möglich ist, aus der Schrift Rückschlüsse auf Vitalität und physische Widerstandskraft zu ziehen, so ist es auch möglich, Anzeichen für körperliche Schwächen und Schwachstellen unseres physischen Körpers zu erkennen.
Schwachstellen müssen nicht unbedingt zu Krankheiten führen, werden sie frühzeitig erkannt. Durch entsprechende vorbeugende Maßnahmen kann auch ein Ausbruch verhindert werden.
Der Graphologe ist kein Arzt, deshalb sollte eine Diagnose nicht in seiner Hand liegen. Wenn er entsprechende Merkmale in der Schrift entdeckt, ist es seine Pflicht, den Schreiber darüber zu informieren. Ob dieser daraufhin in seinem Interesse einen Arzt aufsuchen wird, liegt in seiner eigenen Verantwortung.
Viele unserer körperlichen Beschwerden, wenn sie nicht gerade angeboren sind, haben einen psychosomatischen Hintergrund. Neurosen und Komplexe sind eindeutig in der Schrift zu erkennen, viele dieser Belastungen können sich auch als Folge in körperlichen Leiden bemerkbar machen.

Beispiel 1

Drüsen- und Kreislaufstörungen

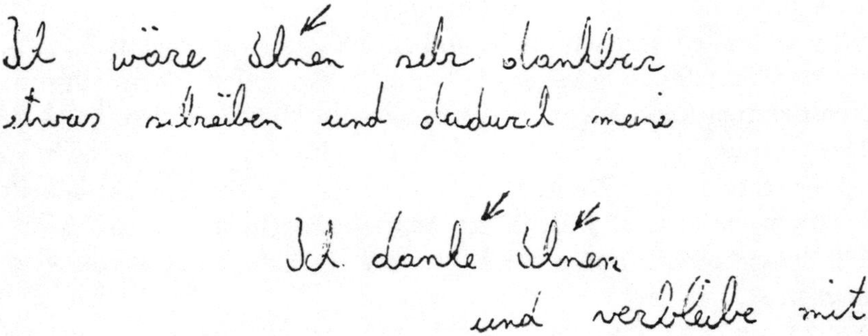

Diese kleine, enge, gesperrte und mit einem spindelförmigen Schreibdruck versehene Handschrift deutet auf eine geringe physische Widerstandskraft hin. Der große Abstand der Wörter in Verbindung mit der Arkade zeigt, daß sich die Schreiberin übermäßig in sich zurückgezogen hat und bringt eine Neigung zur Abhängigkeit zum Ausdruck. Verdickungen in der Strichführung deuten auf eine Tendenz zu Drüsen- und Kreislaufproblemen hin.

Beispiel 2

Bauchspeicheldrüsenkrebs

Bei dieser Schrift sollte man das Augenmerk vor allem auf den Groß- und Anfangsbuchstaben „H“ richten. Diese weibliche Person hatte es sich zur Gewohnheit gemacht, den zweiten Buchstaben ihres Familiennamens in den Anfangsbuchstaben des Vornamens mit einzubauen. Bereits 6 Jahre vor Ausbruch einer Krebserkrankung hat diese Dame durch dieses Merkmal angezeigt, welches Organ von einer Krankheit befallen ist und hat es durch Einbauen dieses Kleinbuchstabens „o“ signalisiert. Es handelt sich um ein Organ im mittleren Körperbereich, die Bauchspeicheldrüse. Am Anfang kam es zu einem Anstau der Lymphflüssigkeit, dies geht aus den engen Seitenlinien des Großbuchstabens „H“ hervor. Der Durchlauf der Lymphe wurde symbolisch durch den in der Mitte ersichtlichen Kleinbuchstaben behindert. Dieser Buchstabe „o“ verkörpert die bösartige Geschwulst, die zum Ableben dieser Frau geführt hat. Auch die Leber war erheblich in Mitleidenschaft gezogen.

Beipsiel 3

Lebererkrankung

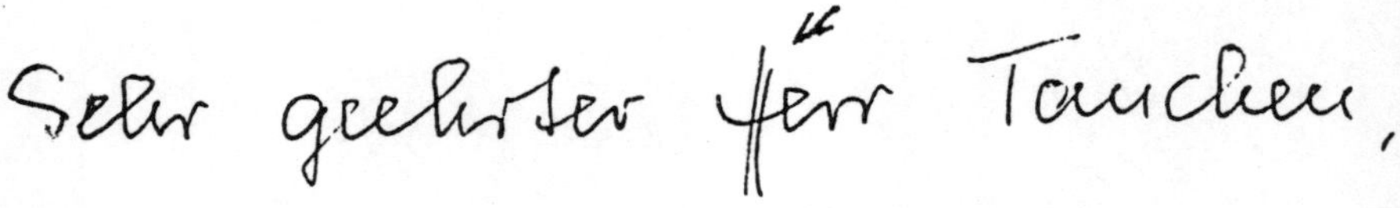

Auch bei dieser Schrift ist der Großbuchstabe „H“ zu beachten. Die Seitenlinien stehen dicht beieinander und im Zusammenhang mit dem halbmondförmigen Mittelstrich weist dieses Merkmal auf eine ernsthafte Erkrankung der Leber hin und ebenso ist ein Anstau der Lymphflüssigkeit erkennbar.
Die Erkenntnisse aus der Schrift wurden von dieser Dame voll bestätigt und durch entsprechende Maßnahmen konnte eine weitere Verschlechterung des Gesundheitszustandes verhindert werden.

Beispiel 4

Durchblutungsstörungen

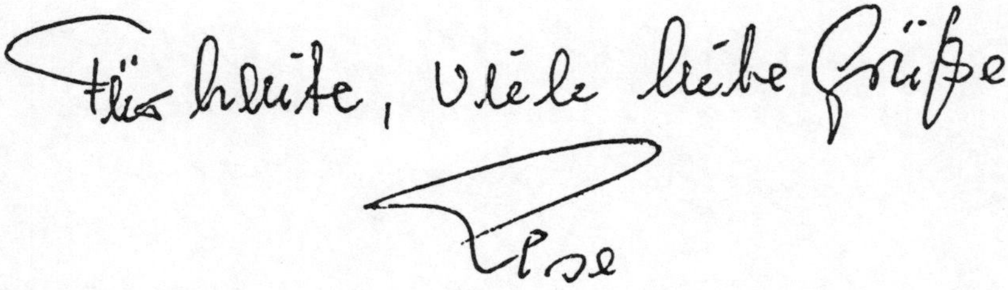

In dieser Schriftprobe treten die vorhandenen gesundheitlichen Störungen in den oberen Längenausschlägen sichtbar hervor. Die Schrift weist auf einen stark kopflastigen Menschen hin, der unter häufigen Migräneanfällen zu leiden hat, aufgrund vorhandener Durchblutungsstörungen im Nacken-Kopf-Bereich, die in den druckverstärkten Aufstrichen zum Ausdruck kommen.

Beispiel 5

Prostata-Erkrankung, Magen-Darm-Geschwür

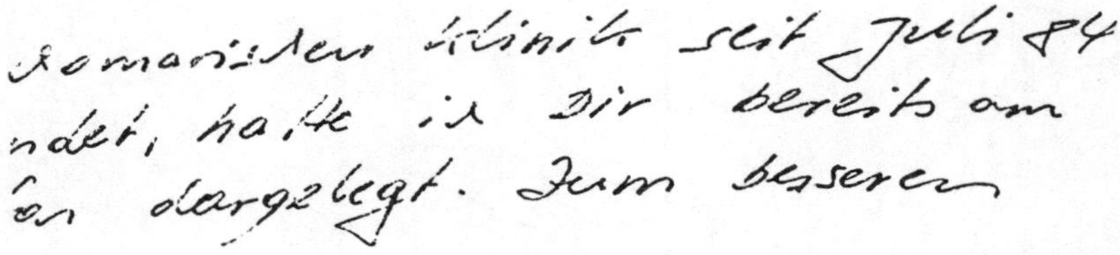

Die dreieckigen Schreibunterlängen lassen auf eine Neigung zu einer Prostataerkrankung schließen, und in Verbindung mit der Bindungsform Arkade läßt sich außerdem eine Tendenz zu Magen-Darm-Geschwüren erkennen. Der Schreiber steht ständig unter starkem Streß und seine Vorliebe für alkoholische Getränke macht eine Genesung fast unmöglich.
Die Handschrift läßt eine starke innere Unruhe erkennen und ein starkes Genußbedürfnis auf jeder Ebene.

Beispiel 6

Muskelverkrampfung, Gicht

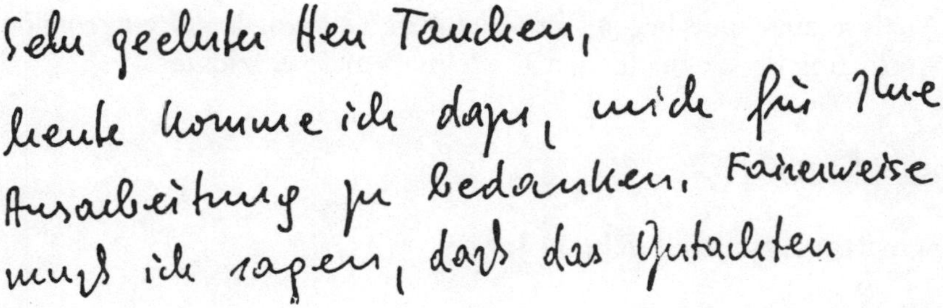

Diese gezwungene, enge und mit der Bindungsform Winkel—Girlande versehene Schrift ist ein Anzeichen für eine Erkrankung, die zu einer Verkrampfung des Muskelsystems führt. Die plötzliche Anschwellung in der Strichstärke deutet auf eine Gichterkrankung mit einem Anstau der Lymphflüssigkeit hin.

Der Schreiber sollte versuchen, seine angestauten Konflikte zu lösen, und die Krankheitssymptome werden relativ schnell verschwinden.

Beispielanalysen

Um systematisch an das eigene Erstellen einer Schriftanalyse heranzuführen, soll den weiterführenden Beispielen eine Analyse vorangestellt werden, bei der zu Anfang die wichtigsten und entscheidendsten Merkmale aufgeführt werden, die in ihrer Bedeutung der Analyse zugrunde liegen. Im folgenden Teil wurde auf eingehende Auflistung der vorhandenen Einzelmerkmale verzichtet.

Beispiel Nr. 1

Schriftanalyse: weiblich, 34 Jahre

Wichtigste Merkmale

große, überhöhte Schrift
Bindungsform Girlande
leicht linksorientiert
spindelförmiger Druck
langsames Schreibtempo
abnehmender linker Rand
zunehmender rechter Rand
gewölbter Zeilenverlauf
Zeilenverstrickungen
betonte Mittelzone
betonte Unterlängen, ausgreifend
Verdickungen
Einrollungen
offene Konsonanten

Analyse

Diese große, überhöhte, runde und leicht linksorientierte Handschrift kündet von einer ruhigen Vitalität und bringt nur eine geringe körperliche Widerstandskraft zum Ausdruck.

Die punktförmigen Verdickungen in der Strichführung bei dem Kleinbuchstaben „o“ lassen eine Neigung zu Drüsenstörungen und Kreislaufbeschwerden erkennen. Dieser spindelförmige Druck im Zusammenhang mit dem langsamen Schreibtempo deutet außerdem einen starken Konsum von Süßigkeiten an, und die Verfasserin liebt es, grundsätzlich nicht ihre Bedürfnisse und Instinkte im Zaum zu halten. Auch die Tendenz zu ausschweifendem Sexualleben wird durch die Linksläufigkeit und die Schreibunterlängen deutlich sichtbar.
Die Urheberin versucht gerne mittels Szenen oder sogar Provokationen zu überraschen.
Es sind die Schriftzüge eines komplizierten und empfindlichen Menschen, der vor der Wirklichkeit des Lebens zurückgewichen ist und Mühe hat sich anzupassen.
Die gewölbte Zeilenrichtung in Verbindung mit der Linksorientierung deutet auf eine sehr launische Person, die erst in den späten Morgenstunden einigermaßen in Schwung kommt.
Sie benötigt immer sehr viel Zeit und Raum für ihre eigenen Überlegungen. Man sollte sich auf einen solchen Menschen grundsätzlich nicht verlassen, denn er verwendet häufig eigenartige Mittel, um ans Ziel zu kommen.
Auch die vorhandene Falschheit und Hinterlist gehen aus der Schrift sehr deutlich hervor.
Sie ist unzufrieden mit sich und der Welt, wenn nicht immer gleich alles in ihrem Sinne abläuft.
Die übermäßigen Ober- und Unterlängen deuten auf ein mangelndes seelisches Gleichgewicht, sie hat mehr Wünsche, als sie mit ihrem Willen erreichen kann.
Die ausladende Schrift weist auf einen Mangel an Takt und an Maß in Beziehungen zu anderen Personen. Sie liebt es, ganz im Mittelpunkt zu stehen.
Diese überhöhte Schrift ist ein Anzeichen für ein Übermaß an Phantasie und bewirkt eine Neigung zu Ausflüchten.
Die Handschrift kennzeichnet eine solide geistige Bildung und eine durchschnittliche Intelligenz.
Die Aufnahme auf geistiger Ebene ist sehr begrenzt, und die Urheberin ist in dieser Richtung stark blockiert.

Beispiel Nr. 1

weiblich, 34 Jahre

meinen Armen gestorben. Obwohl ich an
diesem Vormittag noch etwas anderes
vorhatte, bin ich zu ihm gefahren. Ich
bin sehr froh darüber, dass ich in seiner
Todesstunde bei ihm sein durfte. Denn
er war immer wieder gut zu mir und
durch die vielen Jahre ist ein Gefühl von
Freundschaft und Zuneigung nicht ausge-
blieben. Er fehlt mir unheimlich daß
eine große Lücke in meinem Leben da,
Heute war die Beerdigung, das war
doch sehr schlimm. Bei den Juden ist
alles ohne jeglichen Pomp.

Beispiel Nr. 2

männlich, 45 Jahre

Analyse

Diese feste und druckstarke Handschrift deutet auf eine hervorragende Vitalität und bringt eine sehr gute physische Widerstandskraft zum Ausdruck. Die spitzen Winkel in der Mittelzone deuten auf einen Bandscheibenschaden hin. Auch eine Neigung zu Blutüberdruck wird durch den übermäßigen Schreibdruck, durch das schnelle Schreibtempo und die erweiterte Schriftform sehr deutlich hervorgehoben.

Bei dem Schreiber handelt es sich um einen sehr willensstarken und übermäßig aktiven Menschen, der sich nicht so leicht von anderen beeinflussen läßt. Seine feste Persönlichkeit verschafft ihm Respekt bei seinen Mitmenschen. Auch Mut zum Risiko und das Fassen sehr rascher Entschlüsse gehören zu seinen charakterlichen Stärken.

Dieser übermäßig aktive Mensch, der einem sehr starken Bewegungsdrang unterworfen ist, geht frei und offen auf andere Menschen zu und fühlt sich im Leben sicher.

Der Schreiber hat seine Aggressionen unter Kontrolle und hat es sich im Laufe der Jahre angewöhnt, seine angestaute Energie in kreatives Schaffen ausmünden zu lassen.

Die Schrift kündet von einer großen Begeisterungsfähigkeit, und der Schreiber kann durch sein offenes und spontanes Wesen leicht und problemlos Kontakte knüpfen.

Es ist die Schrift eines leidenschaftlichen Menschen, der auch eine ausgeprägte Vorliebe für alle Freuden des irdischen Lebens hat.

In einer verhältnismäßig kurzen Zeit kann der Schreiber sehr viel erledigen und bringt eine angefangene Sache immer zu einem guten Ende.

Die Schrift ist ein Anzeichen für einen spontanen, offenen und geradlinigen Charakter.

Sie zeugt von einer guten geistigen Bildung und deutet auf eine brillante Intelligenz.

Auch die lebhafte schöpferische Imagination, eine Führungsbegabung und das Talent für die Musik gehen aus den Schriftzügen deutlich hervor.

Beispiel Nr. 2

männlich, 45 Jahre

Wir sind heute mit
dem Auto nach
gekommen
zu hören.

Beispiel Nr. 3

männlich, 53 Jahre

Gott-sei Dank – kann ich nur sagen – daß es mir nach so langer Zeit und endlos vielen Versuchen wieder einmal gelungen war, telefonisch bei Ihnen durchzukommen und wir Gelegenheit hatten, doch noch ein längeres Gespräch zu führen.

Im übrigen möchte ich mich für Ihren lieben Brief an dieser Stelle noch einmal herzlich bedanken.

Wie bereits anläßlich unseres Telefongespräches erörtert, stecke ich nach Abschluß des Großprojektes in Bonn, seit nunmehr 1/2 Jahr schon wieder

Beispiel Nr. 3

männlich, 53 Jahre

Analyse

Diese sehr druckstarke, enge und mit der Winkelgirlande einhergehende Handschrift deutet auf eine Neigung zu Bluthochdruck. Die steile und winklige Schrift zeigt auf gesundheitliche Störungen im Herz- und Kreislaufsystem, und durch übermäßigen Alkoholgenuß besteht noch eine zusätzliche Gefahr für einen Schlaganfall.
Es handelt sich bei dem Schreiber um einen sehr kopflastigen Menschen. Diese überhöhte Schrift, die mit übermäßigen Unterlängen einhergeht, zeugt von einer gebremsten Energie, und der Schreiber hat mehr Wünsche als Willen.
Er geht immer wieder über seine Grenzen hinaus, und da es ihm an dem nötigen Weitblick fehlt, mußte er vor allem in seiner Vergangenheit einige größere Konflikte bewältigen.
Obwohl es sich um einen sehr intelligenten Menschen mit einer guten geistigen Bildung handelt, ist es ihm einfach nicht möglich gewesen, seine hochgesteckten Ziele in die Realität umzusetzen.
Sein aufbrausendes Wesen hat ihm mehr Schaden als Nutzen gebracht, und mit etwas mehr Diplomatie wäre er seinen Wünschen und Hoffnungen in einer verhältnismäßig kurzen Zeit um ein erhebliches Stück näher gekommen.
Die Winkel im oberen Teil der Buchstaben und die dreieckigen Unterlängen deuten auf einen sehr aggressiven Menschen, der immer mit Gewalt sein Ziel erreichen möchte.
Er hat sich mehrmals in Fachkliniken aufgehalten und die Schrift ist allmählich etwas weiter geworden.
Der Urheber konnte dadurch schon eine größere Menge angestauter Kindheitskonflikte über Bord werfen.
Vor allem ist er geschmeidiger und zugänglicher geworden, und er übt jetzt eine sehr hohe berufliche Position aus.
Er hat es gelernt, seine Führungsqualitäten richtig einzusetzen, und die Graphologie ist ihm dabei ein sehr guter Ratgeber gewesen.

Beispiel Nr. 4

weiblich, 25 Jahre

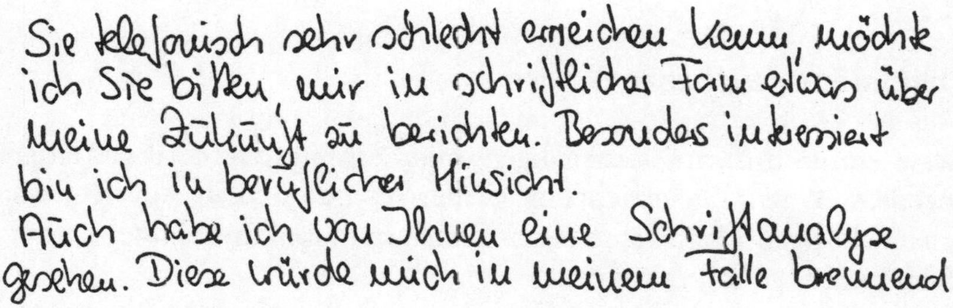

Beispiel Nr. 4

weiblich, 25 Jahre

Analyse

Körperlicher Bereich

Bei der Handschrift handelt es sich um eine verhältnismäßig langsame, leicht unregelmäßige und mit einem spindelförmigen Schreibdruck einhergehende Schrift. Die Richtungsschwankungen der Buchstabenkörper im Zusammenhang mit der leicht ansteigenden und wieder absinkenden Zeilenrichtung kündet von einer unausgewogenen Vitalität und bringt gegenwärtig noch eine ausgeprägte, wechselhafte physische Widerstandskraft zum Ausdruck.
Der spindelförmige Schreibdruck und die Enge der Schrift läßt eine Tendenz zu Störungen im Verdauungsbereich erkennen, sowie eine Neigung zu leichten Kreislaufbeschwerden. Allerdings dürften diese Beschwerden nur einen nervös bedingten Hintergrund haben.

Durch das leichte Absinken der Zeilenrichtung in Verbindung mit der leicht linksorientierten und engen Schrift zeigt sich eine Tendenz, die vorhandene Nervosität mit Reizgiften abzumildern.
Eine Neigung zu einer ernsthaften gesundheitlichen Einschränkung ist nicht erkennbar.

Charakter – seelischer Bereich

Diese runde und mit einem langsamen Schreibtempo sowie einer unregelmäßigen Zeilenrichtung einhergehende Schrift kündet von einem häufigen Nachlassen des Willens und läßt eine Tendenz zum „Sich gehenlassen" erkennen.
Durch die gewölbte Zeilenrichtung und den ungleichen Neigungswinkel der Buchstabenkörper läßt die Schrift erkennen, daß die Willenskraft noch nicht ausreicht, um dem Lebensweg eine positive Wende zu geben. Dieses ist mit einem Festhalten an den gesteckten Zielen jedoch überwindbar.
Es handelt sich um eine offene und leicht überhöhte Schriftform, und die übermäßige Offenheit kann häufig zu Vertrauensseligkeiten führen, was zu Konflikten mit bestimmten Personen beigetragen hat.
Die Zeilenrichtung und die Schriftlage zeugen von ausgeprägten Richtungsschwankungen im seelischen Bereich, die allerdings nur eine vorübergehende Natur aufzuweisen haben, und eine seelische Stabilität ist nach Beendigung der zur Zeit noch ungelösten Konflikte zu erwarten.
Durch die runde und langsame Schrift zeigt sich, daß es der Schreiberin in den frühen Morgenstunden immer schwer fällt, sich in Schwung zu bringen. Erst in einer Aktion bekommt die Schreiberin den Elan und kann sich begeistern.
Durch die Bindungsform Doppelgirlande handelt es sich um einen geselligen und kontaktfreudigen Menschen, der allerdings bei seiner Auswahl der Vertrauten immer erhöhte Vorsicht walten lassen sollte.
Die runde, langsame und linksorientierte Schrift kündet von einem lymphatisch-nervösen Temperament und läßt eine versöhnliche

Haltung und einen liebenswürdigen, offenen, in vielen Dingen zu nachgiebigen Charakter erkennen.
Durch die Enge der Schrift, die Zeilenrichtung und einzelne dreieckige Unterlängen zeigt sich bei der Urheberin ein Anstau einer zu gewaltsam unterdrückten Gefühlsanspannung, und hier kann, wenn ein bestimmtes Maß erreicht worden ist, eine Freisetzung heftiger Emotionen urplötzlich erfolgen. Die Schreiberin sollte die bereits in sich angestauten Konflikte immer auf eine natürliche Art und Weise zu lösen versuchen und keine Aggressionen gegen sich selbst richten. Vor allem sollte sie in Zukunft mehr Verantwortung zeigen und nicht mehr die Schuld bei anderen suchen.

Intellektueller Bereich

Diese Schrift ist ein Anzeichen für eine solide geistige Bildung und bringt eine überdurchschnittliche Intelligenz zum Ausdruck. Sie weist auf eine gute Aufnahmebereitschaft auf geistiger Ebene, und der Verfasserin ist es möglich, immer sehr rasch ihre Schlüsse zu ziehen.
Diese offene Schrift deutet auf eine Eignung für einen kaufmännischen Beruf und bringt ein gutes Organisations- und Verhandlungsgeschick zum Ausdruck. Die Doppelgirlande kündet von einer Begabung für die Musik und die Schauspielkunst. Zur Zeit läßt sich ein leicht gestörtes Konzentrationsvermögen erkennen.

Beispiel Nr. 5

weiblich, 25 Jahre

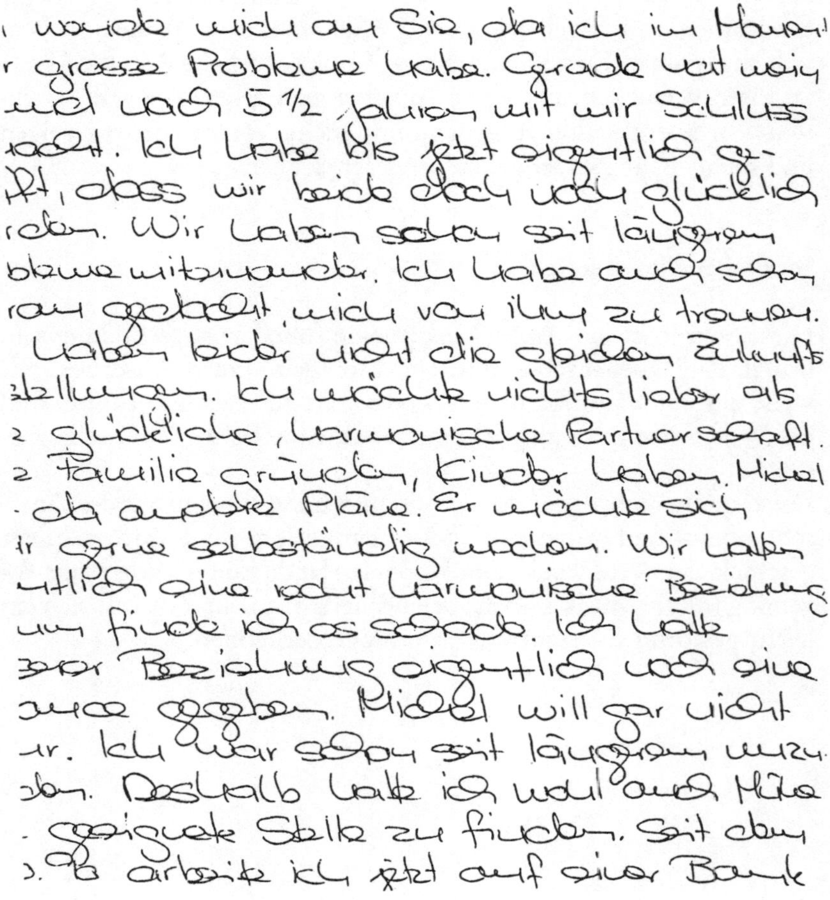

, wende mich an Sie, da ich im Moment
r grosse Probleme habe. Gerade hat mein
und nach 5 1/2 Jahren mit mir Schluss
macht. Ich habe bis jetzt eigentlich ge-
hofft, dass wir beide doch noch glücklich
rden. Wir haben schon seit längerem
bleme miteinander. Ich habe auch schon
ran gedacht, mich von ihm zu trennen.
haben beide nicht die gleichen Zukunfts
stellungen. Ich möchte nichts lieber als
e glückliche, harmonische Partnerschaft.
e Familie gründen, Kinder haben. Michel
da andere Pläne. Er möchte sich
ir gerne selbständig machen. Wir hatten
ntlich eine recht harmonische Beziehung
un finde ich es schade. Ich hätte
serer Beziehung eigentlich noch eine
ance gegeben. Michel will gar nicht
hr. Ich war schon seit längerem unzu-
den. Deshalb hatte ich wohl auch Mühe
geeignete Stelle zu finden. Seit dem
). [illegible] arbeite ich jetzt auf einer Bank

Beispiel Nr. 5

weiblich, 25 Jahre

A n a l y s e

Körperlicher Bereich

Diese verhältnismäßig langsame, runde und mit einem leicht verschobenen Schreibdruck einhergehende Handschrift ist ein Anzeichen für eine ruhige Vitalität, läßt aber zur Zeit noch eine sehr wechselhafte körperliche Widerstandskraft erkennen.
Die runden Buchstabenkörper im Zusammenhang mit dem langsamen Schreibtempo und dem ungleichen Schreibdruck zeugen von einer verstärkten Anfälligkeit für Erkältungskrankheiten, und das körperliche Übergewicht kann in späteren Jahren durch eine gewisse Naschhaftigkeit erreicht werden.
Die Schrift bringt keine Neigung zu einer ernsthaften gesundheitlichen Störung zum Ausdruck und die Verfasserin wird daher ein recht hohes Lebensalter erreichen. Den übermäßigen Genuß von Süßigkeiten sollte sie vermeiden.
Sie sollte sich sportlich betätigen, um zu erreichen etwas besser in Schwung zu kommen.

Charakter — seelischer Bereich

Diese beschlagnehmende, offene und linksorientierte Schrift läßt ein häufiges Nachlassen des Willens erkennen, und auch die Neigung zu einem „Sich gehenlassen“ geht aus den runden Buchstabenkörpern und den Seitenrändern deutlich hervor.
Vor allem in den frühen Morgenstunden fällt es der Verfasserin schwer, sich in Schwung zu bringen, und man dürfte es bei ihr mit einem sogenannten Morgenmuffel zu tun haben.
Die Bindungsform Doppel-Girlande im Zusammenhang mit der beschlagnehmenden Schrift kündet von einer übermäßigen Offen-

heit und der Tendenz zu Vertrauensseligkeiten, die in der Vergangenheit zu Konflikten im zwischenmenschlichen Bereich geführt haben.
Die Verfasserin sollte versuchen, im Umgang mit anderen Personen etwas mehr Zurückhaltung zu üben.
Die abgerundete Schrift in Verbindung mit der Linksorientierung der Buchstabenkörper kündet von einem Mangel an Widerstand gegenüber stärkeren Persönlichkeiten. Die Verfasserin sollte lernen, mehr Durchsetzungsvermögen zu entwickeln.
Ihr fehlt es an dem richtigen Maß gegenüber anderen Personen, und sie liebt es nicht, ihre Bedürfnisse im Zaum zu halten.
Bedingt durch eine gewisse Unzufriedenheit hat die Schreiberin sehr häufig den Wunsch, ihr Leben vollständig umzukrempeln. Aber solche Beschlüsse haben nur eine vorübergehende Natur aufzuweisen, und sie befindet sich durch die Bequemlichkeit relativ schnell wieder im gewohnten Alltagstrott.
Die Schreiberin ist durch ihre Kindheit geprägt und eigentlich nicht richtig erwachsen geworden. Sie lehnt es häufig ab, die eigene Verantwortung für sich zu übernehmen.
Die Schreibrichtung weist auf Verdrängung und läßt die Verfasserin häufig den Kopf in den Sand stecken.
Sie versucht den Realitäten auszuweichen und geht immer den für sie bequemen Weg.
Die Bindungsform Doppel-Girlande und die runde beschlagnehmende Schrift deuten auf ein lymphatisches Temperament und künden von einem liebenswürdigen, offenen, in vielen Dingen zu nachgiebigen und veränderlichen Charakter.
Die Verfasserin leidet unter einem Mangel an innerer Sicherheit und sie sollte versuchen, ihr seelisches Gleichgewicht wieder herzustellen und etwas mehr Schwung in ihr Leben bringen.

Intellekt

Das Schreibtempo in Verbindung mit der runden und beschlagnehmenden Schriftform deutet auf eine solide Bildung und läßt eine überdurchschnittliche Intelligenz erkennen.

Die Verfasserin benötigt immer sehr viel Zeit und Raum für eigene Ermittlungen und auch die Neigung, nachzugrübeln und zu analysieren kommt in der Schrift zum Ausdruck.
Die offene Schriftform kündet von einer Eignung für einen kaufmännischen Beruf und läßt eine Begabung für die Musik erkennen.

Beispiel Nr. 6

weiblich, 21 Jahre

vor kurzem habe ich meine Berufsausbildung
beendet. Momentan bin ich mir noch nicht
im klarem darüber ob ich mich im Aus-
land weiterbilden soll oder ob ich weiterhin
in Deutschland bleiben soll, da ich sehr
schnell Heimweh bekomme. Vielleicht
können Sie mir bei meiner Entscheidung
etwas behilflich sein.
Über ein paar Zeilen von Ihnen würde ich
mich sehr freuen.

Beispiel Nr. 6

weiblich, 21 Jahre

Analyse

Körperlicher Bereich

Diese verhältnismäßig langsame, enge und gesperrte Schrift ist ein Anzeichen für eine unausgewogene Vitalität und läßt zur Zeit noch eine sehr wechselhafte physische Widerstandskraft erkennen.
Diese geschlossene und mit einem langsamen Schreibtempo einhergehende Schrift zeugt von einer Tendenz zu Störungen im Magen-Galle-Bereich, die allerdings hauptsächlich einen nervös bedingten Hintergrund aufzuweisen haben.
Die Schreiberin sollte sich für eine vorteilhafte Lebensweise entscheiden und Reizgifte in jeglicher Form meiden.
Vor allem sollte sie allmählich versuchen, ihre Schrift zu erweitern und einigermaßen zu beschleunigen.
Eine Tendenz zu einer ernsthaften gesundheitlichen Einschränkung geht aus der Schrift nicht hervor.

Charakter — seelischer Bereich

Diese geschlossene, leicht linksorientierte, einigermaßen veränderliche, runde und mit einem unregelmäßigen Neigungswinkel der Buchstabenkörper, der Bindungsform Arkade und einem leicht ansteigenden und dann wieder absinkenden Zeilenverlauf einhergehende Schrift kündet von einem häufigen Nachlassen des Willens.
Der breite und anwachsende Rand läßt deutlich erkennen, daß die Verursacherin mit Erfolg versucht, der elterlichen Bevormundung zu entfliehen, und ihr allmähliches Streben nach Unabhängigkeit dürfte sehr erfolgreich praktiziert werden.
Die Schriftenge, und zwar in Verbindung mit der Bindungsform Arkade und Linksorientierung, deutet auf einen Mangel an Wesens-

entfaltung hin. Als Ursache hierfür kommen Verpflichtungen in Frage, die man der Schreiberin während der Kindheit aufgezwungen hat, und die von ihr nicht akzeptiert wurden.
Von diesem Moment an bis ins Erwachsenenalter wird eine Tendenz zur Hemmung erkennbar.
Es sind die Schriftzüge eines übersensiblen Menschen, bei dem sich eine tiefsitzende Angst vor der Zukunft bemerkbar macht.
Die Verfasserin ist vor der Brutalität der Wirklichkeit zurückgewichen und versucht zwischen sich und der Außenwelt eine zu große Distanz herzustellen.
Der Neigungswinkel in Verbindung mit der geschlossenen Schrift und die Schriftenge weisen auf Verdrängung, und folglich drückt sich bei der Schreiberin häufig ein Gefühl der Angst und Unsicherheit aus. Sie hat stets das Bedürfnis, sich von der Außenwelt zu distanzieren und sich als Sonderling zu geben.
Die Bindungsform Arkade im Zusammenhang mit der gesperrten und engen Schriftform kündet von einer Suche nach Hilfe und Zuneigung.
Die Schreiberin leidet unter einem zyklothymen Stimmungswechsel, sie ist einmal himmelhoch-jauchzend und dann wieder zu Tode betrübt.
Die runde und langsame Schrift deutet auf einen mißtrauischen Menschen, der sich erst in einer Aktion erwärmt und begeistert.
Sie macht sich vom anderen erst ein genaues Bild, bevor sie bereit ist, ihn zu akzeptieren.
Die Schrift ist ein Zeichen für einen veränderlichen, zurückhaltenden Charakter, der allmählich nach Unabhängigkeit strebt.

Intellekt

Diese geschlossene, verhältnismäßig langsame und gesperrte Schrift kündet von einer soliden geistigen Basis und bringt eine schöpferische Intelligenz zum Vorschein.
Es sind die Schriftzüge eines Intuitionstypen, der es auf sich genommen hat, seine Kontakte zur Außenwelt auf ein Minimum zu be-

schränken und der kein Interesse hat, seinen Bekanntenkreis zu erweitern.
Die Verfasserin hat kein Interesse für Geselligkeit und Zerstreuung.
Der Verbundenheitsgrad in Verbindung mit der geschlossenen und leicht linksorientierten Schriftform zeugt von Intuition, von dem Bedürfnis nach Kontakt mit sich selbst und mit dem eigenen Unbewußten.
Diese unverbundene Schrift läßt eine Eignung für die Mathematik und kaufmännische Berufe erkennen.
Sie verweist auf ein gutes Konzentrations- und Kombinationsvermögen und läßt erkennen, daß die Schreiberin fähig ist, kluge Lösungen zu finden.
Die Schrifturheberin sollte ihre geistigen Fähigkeiten weiter ausbauen. Mit Hilfe ihres analytischen Geistes ist sie in der Lage, schnell die Menschen zu durchschauen.

Beispiel Nr. 7

männlich, 37 Jahre

Hallo,

zuerst möchte ich mich einmal kurz vorstellen.

Ich bin 37 Jahre alt und arbeite als Angestellter in der KFZ Branche.

Da Sie bestimmt eine ganze Anzahl Antworten bekommen, würde ich mich freuen, wenn Sie meinen Brief beantworten würden.

Denn ich weiß ja nicht, ob ich der Mann bin, der für Sorgen und Verständnis die Sie betreffen der Richtige ist.

Eines kann ich aber von mir sagen.

Ich habe Verständnis und kann

Beispiel Nr. 7

männlich, 37 Jahre

A n a l y s e

Diese gesperrte Schrift mit einem unregelmäßigen Neigungswinkel der Buchstabenkörper und einer leicht absinkenden Zeilenrichtung läßt ein schlechtes vitales Gleichgewicht erkennen und einen Verlust der körpereigenen Widerstandskraft. Die vertikale und unregelmäßige Lage der Buchstaben mit einer leicht zerstückelten Bindungsform läßt eine Tendenz zum Alkoholismus erkennen. Aggressionen, die der Schreiber gegen sich selbst gerichtet hat, kommen durch die Winkel, den breiten rechten Rand und die gesperrte Schriftform sehr deutlich zum Ausdruck. Der Schreiber befindet sich häufig in einem desolaten Zustand und kann sein eigenes inneres Gleichgewicht nicht wieder herstellen. Er würde gerne sein Leben verändern, kann dieses aber nicht in die Realität umsetzen, was dazu geführt hat, daß er sich zu stark von der Außenwelt zurückgezogen hat. Heftige Emotionen, vor allem unter Einfluß von Alkohol, sind bei ihm nicht ausgeschlossen und können auch zu Gewalttätigkeiten führen.

Im Grunde sehnt sich dieser Mensch nach Liebe und Geborgenheit, und er braucht eigentlich den Kontakt zu Menschen, den er sich zur Zeit versagt.

Er besitzt ein großes Maß an Einfühlungsvermögen gegenüber anderen.

Der Verlust der natürlichen Spontaneität ist auf Konflikte zurückzuführen, die im partnerschaftlichen Bereich aufgetreten sind und bei denen der Schreiber der Unterlegene und Enttäuschte gewesen ist.

Diese einfache und einigermaßen gezwungene Handschrift kennzeichnet eine einfache geistige Bildung und eine durchschnittliche Intelligenz. Der Verbundenheitsgrad deutet auf eine gute manuelle Geschicklichkeit und handwerkliche Begabung.

Sein Charakter ist eher praktisch ausgelegt, und diese praktischen Fähigkeiten sollten stärker gefördert werden.

Er sollte auf eine horizontal verlaufende Zeile achten und den Abstand zwischen den Wörtern einigermaßen verringern, um mehr vitales Gleichgewicht zu gewinnen und widerstandsfähiger zu werden.

Beispiel Nr. 8

weiblich, 63 Jahre

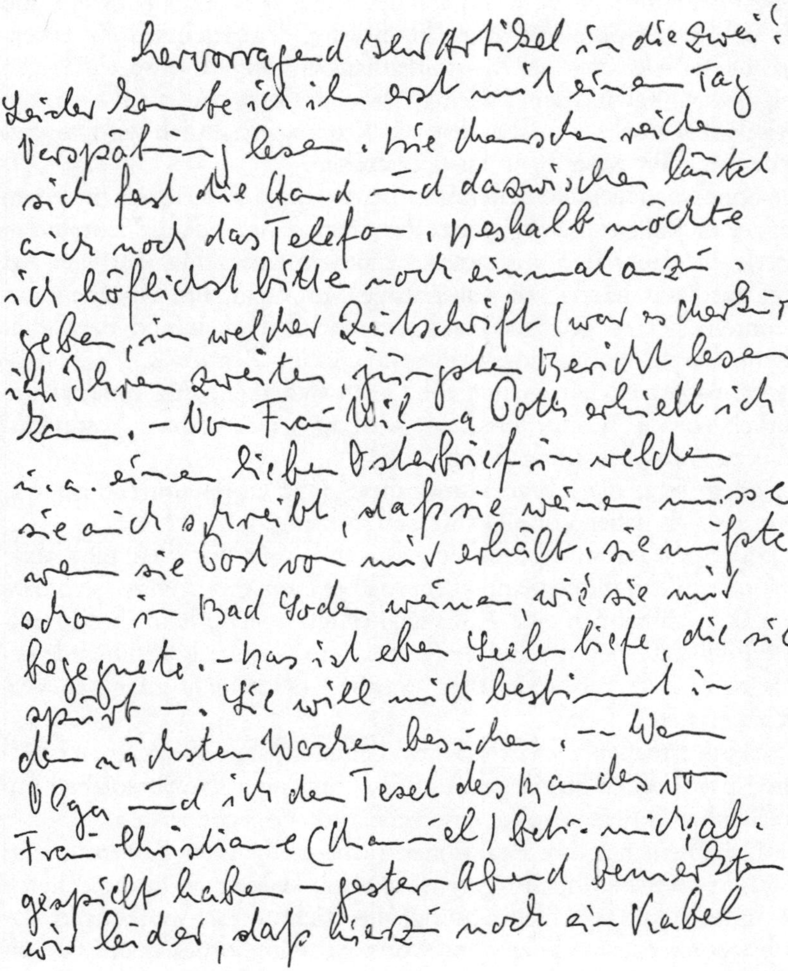
hervorragend Ihr Artikel in die Zwei!
Leider konnte ich ihn erst mit einem Tag
Verspätung lesen. Die Menschen reichen
sich fast die Hand und dazwischen läutet
auch noch das Telefon. Weshalb möchte
ich höflichst bitte noch einmal anzu-
geben, in welcher Zeitschrift (war es [illegible])
ich Ihren zweiten, jüngsten Bericht lesen
kann. – Von Frau Wilma Roth erhielt ich
u.a. einen lieben Osterbrief in welchem
sie auch schreibt, daß sie weinen müsse,
wenn sie Post von mir erhält, sie müßte
schon in Bad Soden weinen, wie sie mir
begegnete. – Das ist eben Seelentiefe, die sie
spürt –. Sie will mich bestimmt in
den nächsten Wochen besuchen. – Wenn
Olga und ich den Tesel des Mandes vor
Frau Christiane (Manuel) [illegible] mich ab.
gespielt haben – gestern Abend bemerkten
wir leider, daß hierzu noch ein Kabel

Beispiel Nr. 8

weiblich, 63 Jahre

A n a l y s e

Diese Handschrift weist einen spindelförmigen Schreibdruck auf und läßt sich in der punktförmigen Verdickung der Strichführung erkennen. Dieses Merkmal im Zusammenhang mit einem unregelmäßigen Neigungswinkel und dem Faden als Bindungsform deutet auf einen hysterischen Menschen hin, bei dem die Neigung ersichtlich wird, mittels Szenen und Provokationen zu überraschen.
Der abnehmende linke Seitenrand ist das beste Anzeichen für einen Mangel an Widerstand gegenüber Personen, denen sich die Schreiberin unterlegen glaubt und vor denen sie sich in einer unterwürfigen Art zeigt. Sie setzt häufig sehr eigenartige Mittel ein, um zu einem bestimmten Ziel zu gelangen, und die Scheinheiligkeit und Falschheit kommt durch die Bindungsform deutlich zum Ausdruck.
Die Schrift ist ein Anzeichen für Geschwätzigkeit, und genauso undeutlich wie die Wörter aussehen, wird auch ihre verbale Ausdrucksweise zu wünschen übrig lassen.
Vor allem setzt diese Frau immer ihre ganze Überredungskunst ein, wenn sie sich dabei Vorteile verschaffen kann.
Sie ködert mit ihrem angeblichen geistigen Wissen vor allem sehr labile Personen. Wenn ihr erst einmal ein solcher Fang gelungen ist, so dürfte diese Frau allmählich eine Abhängigkeit herstellen, denn ihre krankhafte Eifersucht und der aus der Schrift zum Ausdruck kommende beschlagnehmende Egoismus lassen es ganz einfach nicht zu, einen Verlust zu erleiden.
Diese einigermaßen verwirrte Schrift deutet auf eine Neigung zu ernsthaften psychischen Störungen, und im Umgang mit einer solchen unberechenbaren Person sollte eine verstärkte Vorsicht walten.
Die Urheberin hat ihre Reaktionen nicht mehr unter Kontrolle und schwankt zwischen höchst gegensätzlichen Tendenzen hin und her.
Die unregelmäßige Zeilenrichtung, die Richtungsschwankungen der Buchstabenkörper und der spindelförmige Schreibdruck deuten auf eine Neigung zu Störungen im Leber- und Bauchspeicheldrüsen-Bereich, die durch chronischen Alkoholismus in Erscheinung getreten sind.

Beispiel Nr. 9

weiblich, 65 Jahre

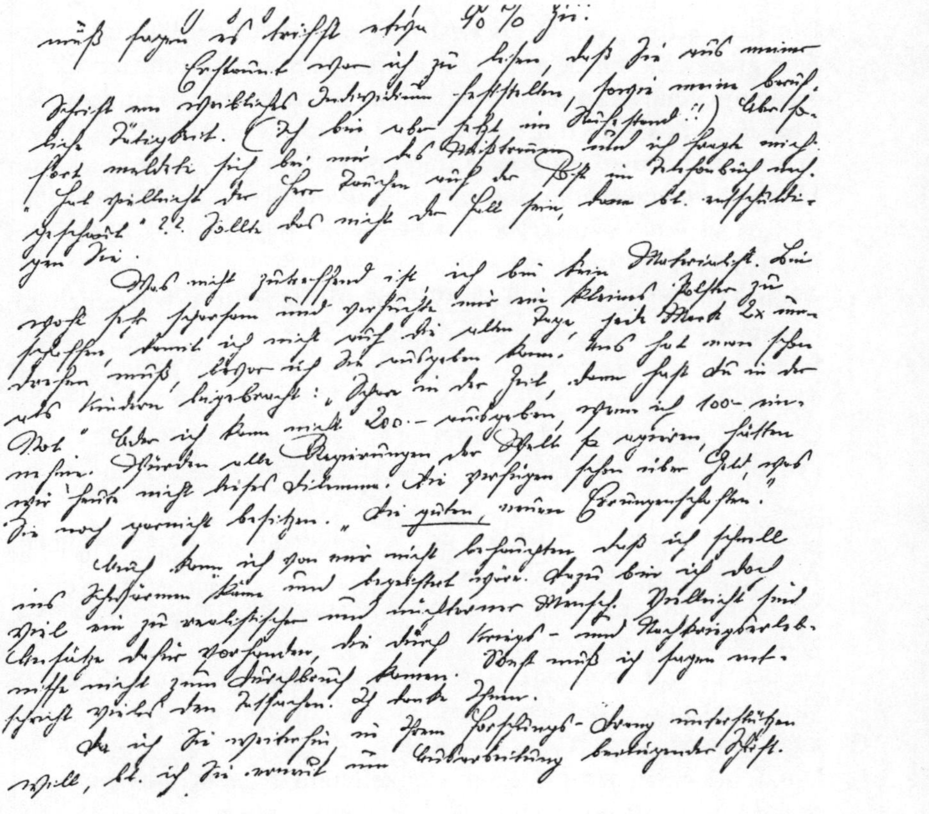

Beispiel Nr. 9

weiblich, 65 Jahre

Analyse

Die Handschrift verrät, daß es sich bei der Schreiberin um einen sehr geselligen Menschen handelt, der auch im beruflichen Leben gerne mit Menschen in Kontakt steht und vermutlich mit dem Verkauf einer Ware zu tun hat.
Die Schrift deutet auf einen Menschen, dessen Denken stark von Materialismus bestimmt ist, und ein übermäßiges unaufhörliches Bedürfnis nach Bewegung, Zerstreuung und Überreizung kommt zum Ausdruck.
Auch kündet die Schrift von Willen, Ausdauer und beharrlichem, zähem Widerstand gegen Hindernisse.
So schreibt ein Verfechter des „Innern", der häufig Verfechter, die von außen kommen, nur sehr schwer akzeptiert.
Generell gesehen ist die Schreiberin sehr für Gerechtigkeit, und Prinzipien gehen ihr über alles, was sie selbst — aber auch andere anbelangt.
Die Schrift verrät Zärtlichkeit und Zuneigung ohne Triebhaftigkeit. Alles ist bei ihr maßvoll dosiert.
Sie ist ein liebenswürdiger Mensch, freundlich, höflich und weiß Sympathien zu wecken.
Sie besitzt eine sehr gute Urteilsfähigkeit und den nötigen Scharfblick, um andere und deren Absicht zu durchschauen, ohne daß diese es merken.
Die Schreiberin kann logisch denken und handelt auch entsprechend und kann normalerweise Schwierigkeiten gut meistern.
Es handelt sich um eine Handschrift von gehobener Qualität, besonders auf der Ebene der geistigen Bildung. Sie weist auf einen Menschen hin, der seinen Geist wirklich arbeiten läßt. Kombinationsvermögen, die Fähigkeit, kluge Lösungen zu finden kennzeichnen den Geist, der sich im Laufe der Zeit geschmeidig geformt hat.
Auch kündet die Schrift von der Fähigkeit, die entferntesten Begriffe

miteinander in Verbindung zu bringen und überraschende, aber dennoch wirkliche Beziehungen herzustellen.
Die Schreiberin zieht rasch Schlüsse aus dem, was von ihr beobachtet wurde. Ihr Charakter ist spontan, natürlich, sie braucht Kontakte zur Umwelt und liebt die Geselligkeit. Aber auch Mißtrauen und verstärkte Vorsicht im Umgang mit anderen werden in der Schrift zum Ausdruck gebracht.
Sie hat ein sanguinisches Temperament mit ausholenden zahlreichen Gesten, eine feste, starke Persönlichkeit, die leicht ins Schwärmen gerät und schnell begeistert ist. Stolz und Selbstzufriedenheit sind zu erkennen, aber auch das Bedürfnis nach Schutz. Eine vorhandene seelische Einsamkeit läßt sich nicht verbergen. Die Schreiberin verfolgt ein Ziel, dem sie sich allerdings nur langsam und zögernd nähert.

Beispiel Nr. 10

weiblich, 41 Jahre

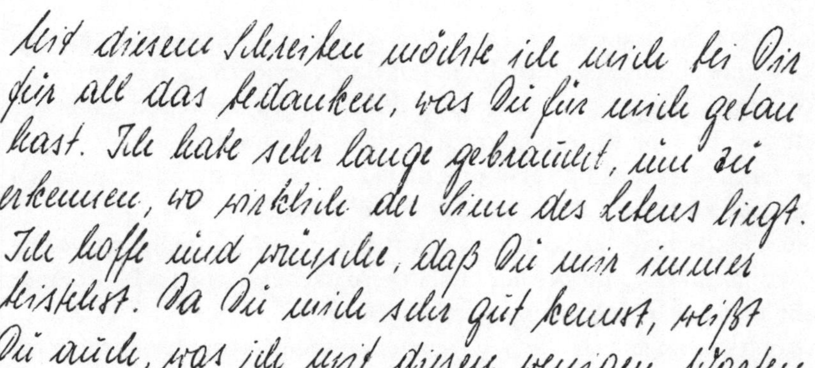
Mit diesem Schreiben möchte ich mich bei Dir
für all das bedanken, was Du für mich getan
hast. Ich habe sehr lange gebraucht, um zu
erkennen, wo wirklich der Sinn des Lebens liegt.
Ich hoffe und wünsche, daß Du mir immer
beistehst. Da Du mich sehr gut kennst, weißt
Du auch, was ich mit diesen wenigen Worten
versuche auszudrücken.

Analyse

Körperlicher Bereich

Diese feste, klare und mit einem leicht verschobenen Schreibdruck einhergehende Schrift ist ein Anzeichen für Vitalität und bringt eine gute physische Widerstandskraft zum Ausdruck.
Eindeutige Schriftmerkmale, vor allem die Enge der Schrift, lassen eine Tendenz zu gesundheitlichen Störungen erkennen, die sich im Magen-Darm-Bereich bemerkbar machen, und die hauptsächlich einen nervös bedingten Hintergrund aufzuweisen haben.
Die Verfasserin hat sich bereits für eine vorteilhaftere Lebensweise entschieden, und es dürfte ihr dadurch möglich sein, ein sehr hohes Lebensalter zu erreichen.

Charakter — seelischer Bereich

Diese offene, leicht rechtsorientierte, verbundene, konzentrierte und mit der Bindungsform Doppelgirlande einhergehende Schrift zeugt auch von einem festen Willen, läßt eine tatkräftige Energie und übermäßige Aktivität erkennen.
Bei der Urheberin handelt es sich um einen äußerst sensiblen Menschen, der es allerdings ausgezeichnet versteht, seine Sensibilität zu beherrschen, und der im Laufe der Jahre im Umgang mit anderen Personen übermäßig zurückhaltend und vorsichtig geworden ist.
Allerdings liebt es die Verfasserin, die Dinge zu verstehen, zu erklären und ist sehr für die Gerechtigkeit eingenommen.
Sie lehnt es allerdings grundsätzlich ab, mit Personen in näheren Kontakt zu treten, die kein Moralgefühl besitzen.
Die Handschrift kündet von Zärtlichkeit und Zuneigung, ohne Triebhaftigkeit, und bei der Schriftverursacherin wird alles in einer sehr maßvollen Dosierung hervorgehoben.
Ausschweifungen in allen Bereichen werden von der Urheberin grundsätzlich abgelehnt.
Sie neigt zu einem zyklothymen Stimmungswechsel und ist einmal

himmelhochjauchzend und dann auch wieder zu Tode betrübt. Einen Tag voller Eifer und im Anschluß daran wieder maßlos deprimiert.

Sie versucht des öfteren, zwischen sich und der Außenwelt eine zu große Distanz herzustellen, und als Ursache für diesen unnatürlichen Rückzug kommen Konflikte in Frage, die im partnerschaftlichen Bereich aufgetreten sind, und bei denen die Verfasserin die Unterlegene gewesen ist.

Die Antipathie ist somit nichts anderes als eine enttäuschte Sympathie, und es ist die Haltung eines Menschen, der die Realität nicht immer erträgt. Die Schrift weist auf Verdrängung, und folglich macht sich bei der Verursacherin des öfteren ein Gefühl der Angst und Unsicherheit bemerkbar. Den aus der Schrift zum Ausdruck gebrachten nicht kompensierten Minderwertigkeitskomplex versucht die Urheberin nach außen hin zu verbergen und führt folglich eine leicht unnatürliche Lebensweise.

Die Annahme einer systematisch verfälschten Haltung bleibt nicht ohne Folgen, denn sie kann früher oder später zu Neurosen führen.

Die Schrift ist ein Anzeichen für Ordnung, Pünktlichkeit, Genauigkeit, bringt eine Vorliebe für Initiative und Verantwortung, eine versöhnliche Haltung, persönlichen Charme und einen liebenswürdigen, geradlinigen, offenen und nach Unabhängigkeit strebenden Charakter zum Ausdruck.

Etwas weniger Ordnung würde ihr das Leben wesentlich erleichtern und zu einer Entkrampfung im seelischen Bereich beitragen.

Die Verfasserin kann ihre Gefühle nicht offen zeigen, und sie hütet sie fast wie ein Geheimnis, welches man zu entdecken verstehen muß. Sie kann allerdings zu jenen Personen sehr warmherzig sein, die sie gut kennt und die von ihr akzeptiert worden sind, genau wie sie kühl, verbindlich, untadelig und höflich gegenüber der Außenwelt sein kann, ohne sich gefühlsmäßig zu engagieren.

Es sind die Schriftzüge eines Verfechters des Inneren, der aber häufig einen solchen Verfechter, der von außen kommt, nur sehr schwer zu akzeptieren vermag.

Die Urheberin kann sehr unabhängig, gleichzeitig sehr streng und sich selbst gegenüber äußerst anspruchsvoll sein.
Sie ist von Kindheitserinnerungen geprägt und von einer bemerkenswerten Prinzipienstrenge.
Gegenüber stärkeren Persönlichkeiten sollte die Verfasserin ein stärkeres Durchsetzungsvermögen entwickeln und gegenüber solchen Personen ihr Licht nicht unter den Scheffel stellen.
Über Treue und Rechtschaffenheit brauche ich bei dieser Schrift keine allzu großen Worte machen, denn bei der Verfasserin handelt es sich um einen sehr treuen und äußerst rechtschaffenen Menschen.
Vor allem sollte die Verursacherin an einem einmal gefaßten Ziel unbedingt festhalten, denn dadurch käme sie schon in einer verhältnismäßig kurzen Zeit ihren Wünschen und Hoffnungen um ein erhebliches Stück näher.
Die Schrift verrät außerdem einen Anstau einer zu gewaltsam unterdrückten Gefühlsanspannung, die sich Luft zu machen droht, und hier kann, wenn ein bestimmtes Maß erreicht worden ist, die Freisetzung sehr heftiger Emotionen urplötzlich erfolgen.
Sie sollte ihr Leben vollständig umkrempeln und alles verwandeln und sich von jenen Dingen lösen, die ihr schon in der Vergangenheit über den Kopf gewachsen sind und die als Ursache für die seelischen Richtungsschwankungen in Frage kommen.

Intellekt

Die mir zur Verfügung stehende Schrift kennzeichnet einen hochstrebenden Geist und bringt eine sehr tiefgehende und schöpferische Intelligenz zum Ausdruck.
Die Verfasserin besitzt eine sehr rasche Auffassungs- und Folgerungsfähigkeit, und es gelingt ihr immer sehr schnell, Schlüsse aus jenen Dingen zu ziehen, die von ihr beobachtet werden.
Die Handschrift ist vor allem ein Anzeichen von Intuition, von dem Bedürfnis nach Kontakt mit sich selbst und mit dem eigenen Unbewußten.

Auch das sehr schöpferische Innen- und Geistesleben soll hier keineswegs unerwähnt bleiben.
Eine Eignung für einen sozialen Beruf, eine gute manuelle Geschicklichkeit und eine Begabung für die Psychologie sind deutliche Merkmale dieser Handschrift.
Die Verfasserin besitzt einen analytischen Geist, ein gutes Konzentrationsvermögen, Organisationstalent und die Fähigkeit, kluge Lösungen zu finden.
Sie kann andere Menschen durchschauen, ohne es sich anmerken zu lassen. In dieser Haltung liegt gewöhnlich eine Spur List.
Die Handschrift ist außerdem ein Merkmal für ein hervorragendes Formgefühl, und die Schriftverursacherin hat stets das Bedürfnis, ihre Gefühle in der Schrift, durch das Wort und in der Geste zum Ausdruck zu bringen.
Auch für die Schauspielkunst wird ein Talent deutlich zum Vorschein gebracht.

Schriftanalyse

Dr. Helmut Kohl

Körperlicher Bereich

Diese feste, gruppierte, verbundene, leicht schwertförmige und mit dreieckigen Unterlängen versehene Handschrift ist ein Anzeichen für eine hervorragende Vitalität und läßt eine gute physische Widerstandskraft erkennen.
Der Verbundenheitsgrad und die Winkelform der Schrift weisen meist auf eine Tendenz zu Störungen im Verdauungsbereich, die allerdings hauptsächlich einen nervös bedingten Hintergrund aufzuweisen haben und durch übermäßige Streßsituationen und Aufregungen verstärkt in Erscheinung treten.
Der Schreiber sollte immer etwas auf seinen Blutdruck achten und sich zur Vorbeugung für eine gesunde Lebensweise entscheiden.
Eine Neigung zu einer ernsthaften gesundheitlichen Einschränkung geht aus der mir zur Verfügung stehenden Handschrift nicht hervor.

Charakter — seelischer Bereich

Die Handschrift ist ein Anzeichen für einen festen Willen, läßt eine sehr tatkräftige Energie und eine bemerkenswerte Prinzipienstrenge erkennen. Auf den Schrifturheber kann man sich verlassen, denn er ändert nicht ständig seine Vorstellungen und Pläne und tut was er sagt, ohne auch nur nennenswert davon abzuweichen.
Es sind die Schriftzüge eines äußerst sensiblen Menschen, der es allerdings ausgezeichnet versteht, seine Sensibilität zu beherrschen, und der im Laufe der Jahre übermäßig zurückhaltend und vorsichtig geworden ist.
Die Schrift verrät allerdings auch einen Anstau einer zu gewaltsam

unterdrückten Gefühlsanspannung, die sich Luft zu machen droht, und hier kann, wenn ein bestimmtes Maß erreicht worden ist, urplötzlich eine Freisetzung sehr heftiger Emotionen erfolgen.
Der Schreiber sollte auftretende Konflikte immer im Anfangsstadium zu bewältigen versuchen, und er würde sich gleich sehr viel freier und sicherer fühlen.
Der Verfasser kann zu jenen Personen sehr warmherzig sein, die er gut kennt und die von ihm akzeptiert worden sind, genau wie er kühl, verbindlich, untadelig und höflich gegenüber der Außenwelt sein kann, ohne sich gefühlsmäßig zu engagieren.
Auch die vorhandene Unzufriedenheit mit sich und anderen, wenn nicht gleich alles so klappt, wie es am Anfang einer Aktion den Vorstellungen des Schreibers entspricht, geht aus den eindeutigen Schriftmerkmalen sehr deutlich hervor. Ebenso wird der beharrliche und zähe Widerstand gegen Hindernisse durch die Schrift zum Ausdruck gebracht.
Die Handschrift ist ein Anzeichen für Ordnung, Pünktlichkeit, Genauigkeit und läßt eine Vorliebe für Initiative und Verantwortung erkennen. Sie kündet von einer bemerkenswerten Führungsbegabung und bringt einen aufrichtigen, zurückhaltenden, zuverlässigen und unabhängigen Charakter zum Vorschein.

Intellekt

Die Handschrift kennzeichnet eine gute geistige Bildung und zeugt von einer hervorragenden Intelligenz.
Es sind die Schriftzüge eines sehr überlegten und nachdenklichen Menschen, der immer viel Zeit und Raum benötigt, um eigene Ermittlungen anzustellen, und auch die Neigung, nachzugrübeln und zu analysieren geht aus der Schrift deutlich hervor.
Vor einer geistigen oder praktischen Aktion sammelt der Verfasser stets Kräfte und verschafft sich erst einen genauen Überblick über die Situation, bevor er eine endgültige Entscheidung trifft.
Die Handschrift ist vor allem ein Anzeichen von Intuition von dem Bedürfnis nach Kontakt mit sich selbst und mit dem eigenen Unbewußten.

Sie verrät einen inquisitorischen Geist, und zwar mit der Fähigkeit, andere Menschen zu durchschauen, ohne es sich anmerken zu lassen. In einem solchen Verhalten liegt immer eine Spur List.
Die aus der Schrift zum Ausdruck gebrachte philosophische Veranlagung soll hier nicht unerwähnt bleiben.

BUNDESREPUBLIK DEUTSCHLAND
DER BUNDESKANZLER

5300 Bonn, den 20. Juni 1989

Herrn
Wilhelm Tauchen
Bahnhofstraße 18

6340 Dillenburg

Sehr geehrter Herr Tauchen,

für Ihren Brief vom 17. Juni und den mir übersandten Text danke ich Ihnen sehr.

Es ist schwer für einen Betroffenen sich zu Ihrer Analyse zu äußern.

Mit freundlichen Grüßen

Handschrift

M. Gorbatschow

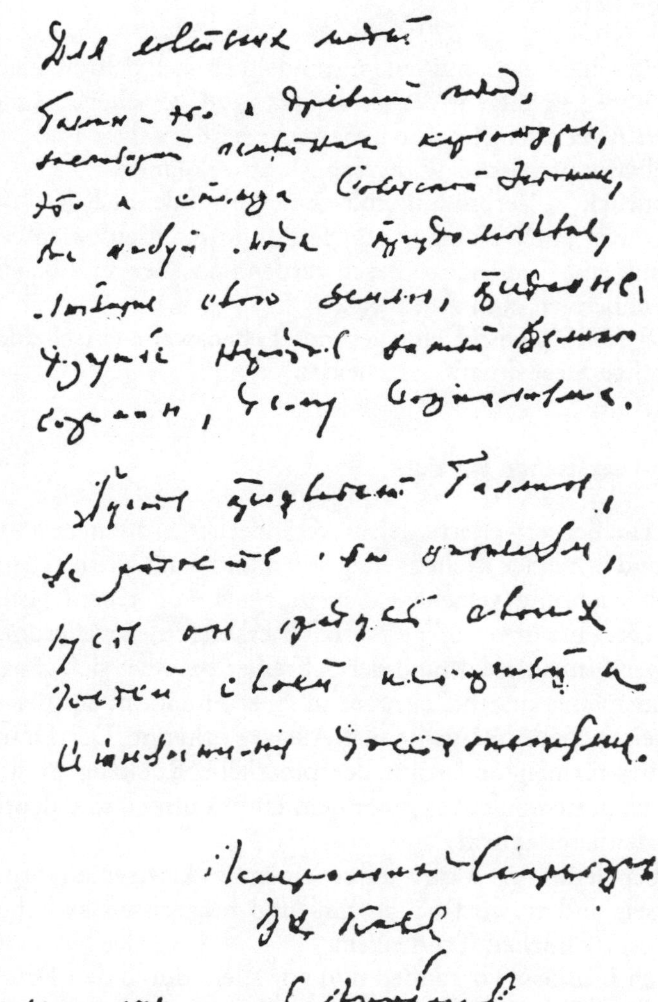

Schriftanalyse

Michail Gorbatschow

Körperlicher Bereich

Diese leicht beschleunigte, mit einem spindelförmigen Schreibdruck und einem unregelmäßigen Verbundenheitsgrad versehene Handschrift ist ein Anzeichen für eine unausgewogene Vitalität und läßt eine wechselhafte physische Widerstandskraft erkennen.
Der Schreibdruck in Verbindung mit dem Verbundenheitsgrad der Schrift zeugt von einer Neigung zu Herz- und Kreislaufbeschwerden und bringt eine Tendenz zu Beschwerden im Leber- und Bauchspeicheldrüsenbereich zum Ausdruck.
Der Schreiber sollte sich für eine gesunde Lebensweise entscheiden und übermäßige Streßsituationen meiden.

Charakter — seelischer Bereich

Diese einigermaßen erweiterte, leicht veränderliche, offene, rechtsorientierte und mit einer leicht ansteigenden und dann wieder absinkenden Zeilenrichtung versehene Schrift zeugt von einem festen Willen und läßt eine übermäßige Aktivität erkennen, der allerdings ein plötzlicher Einhalt folgt, und der Schreiber befindet sich für einen verhältnismäßig langen Zeitraum in einer Situation, aus der er häufig aus seiner Sicht heraus keinen Ausweg erkennt. Der Drang zum Vorwärtsstürmen und dann der plötzliche Rückzug in sich selbst und eine tiefsitzende Angst vor dem Unbekannten sind deutliche Merkmale dieser Schrift.
Der Schreiber leidet verstärkt unter einem zyklothymen Stimmungswechsel, und er wird häufig hin- und hergerissen zwischen höchst widersprüchlichen Tendenzen.
Er wird durch Einflüsse von außen und vor allem durch den Druck seelisch stabilerer Persönlichkeiten daran gehindert, auf weite Sicht seine Pläne und Wünsche in die Realität umzusetzen.

Die Schriftzüge weisen auf einen unsicheren Menschen, der seinen aus der Schrift zum Ausdruck gebrachten Minderwertigkeitskomplex nach außen hin mit einer gewissen Kaltblütigkeit verdeckt.
Die vorliegende Handschrift kündet von einem einfachen Menschen, dem seine sehr erfolgreiche berufliche Laufbahn schon allmählich über den Kopf gewachsen ist, und der sich mit aller Gewalt auf seinem hohen Niveau zu halten versucht.
Der Schreiber sollte seinen natürlichen Neigungen keinen Zwang auferlegen, denn eine Annahme einer systematisch verfälschten Haltung kann früher oder später zu Neurosen führen.
Auch das Bedürfnis, alles an sich zu ziehen, ob es sich um Urteile, Bewertungen oder das Verhalten handelt, und der damit verbundene Egoismus gehen aus der Schrift deutlich hervor.
Die erforderlichen Führungsqualitäten, die nun einmal für ein so hohes politisches Amt erforderlich sind, gehen aus der Handschrift nicht hervor, und sie selbst ist ein deutliches Anzeichen für einen komplizierten, leicht veränderlichen und stark Ich-bezogenen Charakter.

Intellekt

Die Schriftzüge deuten auf eine gute geistige Bildung und lassen eine weit über dem Durchschnitt liegende Intelligenz erkennen.
Es zeigen sich ein hervorragendes Instinktverhalten und eine sehr rasche Auffassungsgabe und Folgefähigkeit.
Die Schrift kündet von einem guten Kombinationsvermögen und läßt eine sehr gute manuelle Geschicklichkeit erkennen.
Auch eine gewisse Bauernschläue ist unverkennbar.

Wilhelm Tauchen
Graphologe

Bahnhofstraße 18
6340 Dillenburg
Telefon (0 27 71) 2 12 99

Das Rätsel um den Tod Uwe Barschels

Zunächst standen mir bei der Beurteilung der Handschrift des verstorbenen ehemaligen Ministerpräsidenten lediglich die Bilder aus dem Fernsehen zur Verfügung. Aus diesem verhältnismäßig wenigen Schriftmaterial konnte ich rasch erkennen, daß Uwe Barschel selbst aus dem Leben geschieden ist.
Durch die in einigen Zeitungen abgedruckten Schriftproben wurde mein erster Eindruck bestätigt. Aus der ganzen Schrift spricht die Dominanz des Elternhauses, vor allem der Mutter. Die verhältnismäßig kleinen Buchstaben deuten auf einen unterdrückten und nicht überwundenen Minderwertigkeitskomplex, der durch große Ausdauer und einen übermäßigen Stolz kompensiert worden ist.
Der Schreiber versucht, sich mit aller Gewalt auf einem sehr hohen Niveau zu halten, was zu einer unnatürlichen Lebensweise und Haltung nach außen hin führt.
Die eindeutigen Schriftmerkmale zeugen von einem übersensiblen Menschen, der seine angestauten inneren Konflikte immer auf eine unnatürliche Art und Weise zu lösen versucht und Aggressionen gegen sich selbst gerichtet hat.
Vom Charakter her war Dr. Barschel stets ein aufrechter, geradliniger und offener Mensch, der allerdings Einflüssen, die von stärkeren Persönlichkeiten ausgingen, sehr offen gegenüber gestanden hat und dadurch für deren Zwecke möglicherweise mißbraucht werden konnte.
Die ausführliche Schriftanalyse wurde von mir an die Witwe des ehemaligen Ministerpräsidenten geschickt und Freya Barschel übermittelte mir folgende Stellungnahme, die hier wortgetreu wiedergegeben werden soll:

Ich kann hierzu feststellen, daß Sie in allen Punkten recht haben. Mein Mann hat es sich in seinem Leben nicht leicht gemacht, obwohl ihm vieles beruflich einfach zu viel war.
Er hatte keine Elefantenhaut, die er gebraucht hätte für die Politik.
Viele haben seine komplizierte Natur nicht verstanden, doch glaube ich nicht, daß man allein daraus Rückschlüsse ziehen kann, daß er sich selbst das Leben genommen hat.
Bevor für mich nicht ein hundertprozentiger Beweis dafür erbracht ist, bleibt alles offen.

Die letzten Zeilen des ehemaligen Ministerpräsidenten Uwe Barschel

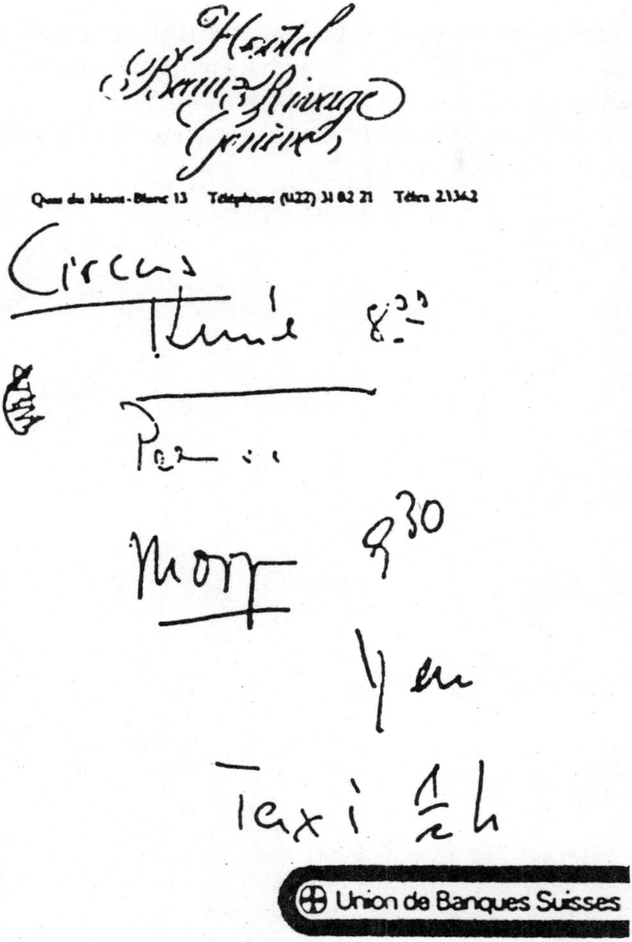

Schriftanalyse

Francois Mitterand

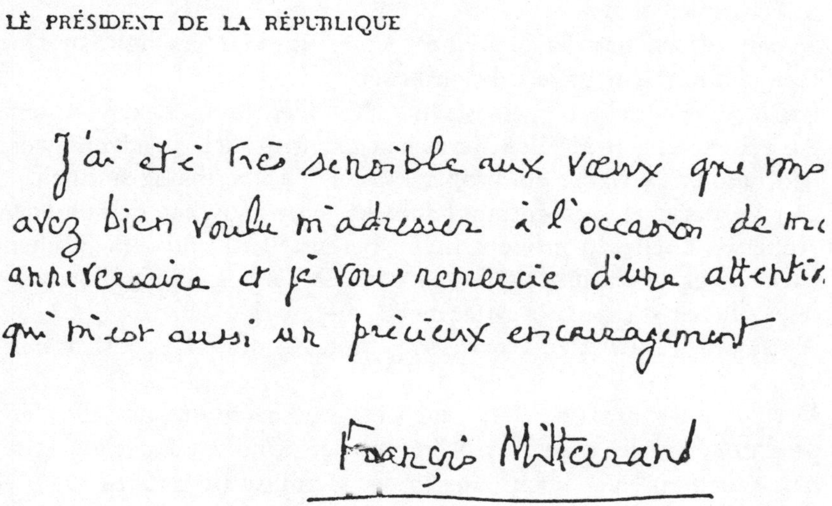
LE PRÉSIDENT DE LA RÉPUBLIQUE

J'ai été très sensible aux voeux que vous avez bien voulu m'adresser à l'occasion de mon anniversaire et je vous remercie d'une attention qui m'est aussi un précieux encouragement

François Mitterand

Diese verhältnismäßig enge, leicht unregelmäßige und vertikale Handschrift zeugt von einer ruhigen Vitalität und läßt eine einigermaßen wechselhafte physische Widerstandskraft erkennen.
Die geschlossene Form im Zusammenhang mit der Vertikallage der Buchstaben läßt bei dem Schreiber eine Tendenz zu Störungen im Verdauungsbereich erkennen, die allerdings nur einen nervös bedingten Hintergrund aufzuweisen haben.
Auch die Neigung zu Herz- und Kreislaufstörungen geht aus dem Schreibdruck und der unregelmäßigen Bindungsform hervor.
Der Schreiber sollte übermäßige Streßsituationen meiden.
Konflikte haben sich im Laufe der Jahre angestaut und sich in den erwähnten gesundheitlichen Einschränkungen bemerkbar gemacht.

Es sind die Schriftzüge eines sehr peniblen Menschen, der sehr für die Gerechtigkeit eingenommen ist und es grundsätzlich ablehnt, mit Personen in näheren Kontakt zu treten, die kein Moralgefühl besitzen.
Er liebt die Pünktlichkeit, Ordnung, Genauigkeit und hat eine strikte Prinzipienstrenge.
Seinen Willen hat der Schreiber bemerkenswert geschult, und er läßt sich nur sehr ungern beeinflussen.
Es sind die Schriftzüge eines sehr maßvollen Menschen, von dem Ausschweifungen in allen Bereichen grundsätzlich abgelehnt werden, und er ist weder ein großer Esser noch übermäßig sinnlich.
Der Verursacher versucht, im Laufe der Jahre zwischen sich und der Außenwelt eine zu große Distanz herzustellen, und sein Streben nach Objektivität dürfte sich schon in der Vergangenheit sehr nachteilig auf seine spontane Affektivität ausgewirkt haben.
Auch eine Tendenz zu Neurosen geht aus der Schrift deutlich hervor.
Der Schreiber unterlag einer sehr strengen Erziehung, und die Verpflichtungen, die man ihm während der Kindheit aufgezwungen hat, haben zu einer Hemmung in der Gefühlswelt geführt.
Er kann seine Gefühle nicht offen zeigen und nur zu sehr vertrauten Menschen kann er warmherzig sein.
Die Schrift zeigt einen aufrichtigen, einigermaßen komplizierten und unabhängigen Charakter.
Treue und Rechtschaffenheit sind kennzeichnende Merkmale dieses Charakters.
Er verfügt über eine gute geistige Bildung und läßt eine sehr tiefgehende und schöpferische Intelligenz erkennen.
Vor einer geistigen oder praktischen Aktion möchte der Schreiber gerne alle Informationen zusammentragen, um einen guten Überblick zu haben, und er ist dann erst bereit, eine Entscheidung zu fällen.
Er ist sehr überlegt und nachdenklich, analysiert gerne, zeigt ein hervorragendes Konzentrationsvermögen und verfügt über ein sehr gutes verbales Gedächtnis.

Schriftanalyse

Steffi Graf

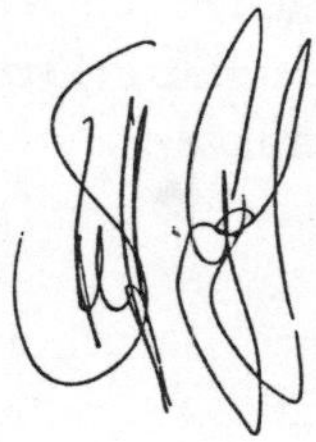

Körperlicher Bereich

Diese leicht verschnörkelte, aufgeblähte und mit einem leicht verschobenen Schreibdruck einhergehende Handschrift ist ein Anzeichen für eine hervorragende Vitalität und läßt eine sehr gute physische Widerstandskraft erkennen.
Sie kündet von Ausdauer und bringt einen sehr starken Drang nach Bewegung und Zerstreuung zum Vorschein.
Eine Tendenz zu gesundheitlichen Einschränkungen geht nicht hervor.

Charakter — seelischer Bereich

Diese steile, verbundene, enge, überhöhte und mit der Bindungsform Schleifengirlande versehene Handschrift bezeugt einen festen Willen, läßt eine sehr tatkräftige Energie und übermäßige Aktivität erkennen.
Es sind die Schriftzüge eines übersensiblen Menschen, der es ausgezeichnet versteht, Sympathien bei seinen Mitmenschen zu wecken.

Die Schrift verrät allerdings auch einen Anstau von Emotionen. Die Schreiberin hat sich hohe Ziele gesetzt, und ihr hervorragendes Durchsetzungsvermögen und der übermäßige Ehrgeiz dürften es ihr ermöglichen, in einer relativ kurzen Zeit ihren Hoffnungen und Wünschen um ein erhebliches Stück näher zu kommen.
Die Verfasserin besitzt persönlichen Charme, eine versöhnliche Haltung und einen liebenswerten, aufrechten und allmählich nach Unabhängigkeit strebenden Charakter.

Intellekt

Die Handschrift ist ein deutliches Merkmal für einen hochstrebenden Geist und bringt eine tiefgehende und schöpferische Intelligenz zum Ausdruck.
Eine lebhafte schöpferische Imagination und eine Begabung für die Kunst werden durch die Anreicherung der Schrift sehr deutlich hervorgehoben.
Die Handschrift verrät außerdem ein hervorragendes Konzentrationsvermögen und die Fähigkeit, kluge Lösungen zu finden.

Typologie nach Kretschmer

Typologien sollten an dieser Stelle lediglich zur Vervollständigung des psychologischen Rüstzeugs zur Beurteilung der Schrift genannt werden.
Sie dienen nicht dazu, es sich bequem zu machen und menschliche Charaktere in bestimmte Schubladen zu pressen, ohne Berücksichtigung der ganz individuellen Persönlichkeit.
Typologien wurden entwickelt, weil man merkte, daß Charaktere ganz bestimmte beschreibbare Merkmale zeigen, die allmählich ausgebildet wurden.
Die erste charakterliche Typologie stammt vom Arzt Hippokrates ca. 500 Jahre v. Chr., auf deren Erkenntnissen er eine Heilkunde entwickelte, die unserer modernen psychosomatischen Medizin als Grundlage diente.

Er teilte ein in

Sanguiniker
Melancholiker
Phlegmatiker
Choleriker

Aus diesen Grundlagen entwickelte sich die Typologie nach Kretschmer, auf die ich hier näher eingehen möchte.

Phlegmatiker

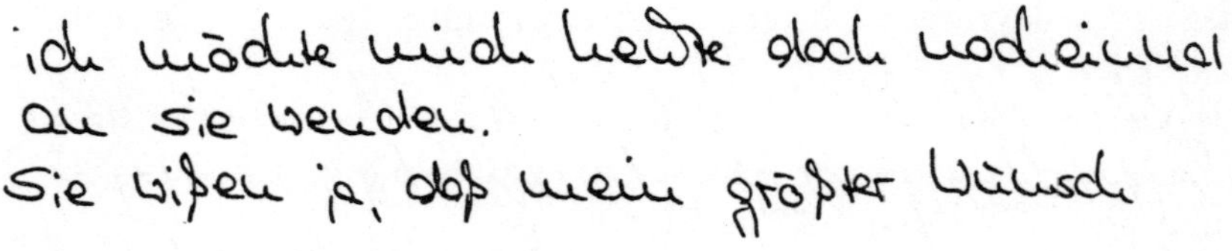

Er kennzeichnet sich in erster Linie aus durch ein langsames Schreibtempo und runde Buchstabenformen. Der Druck ist schwach und es besteht die Tendenz, die Buchstaben an der Basis zu verbreitern, quasi entlang der Grundlinie in die Länge zu ziehen. Ist die Handschrift linksorientiert, ist dieser Mensch nachlässig und neigt zur Faulheit, läßt sich gerne gehen. Eine tiefsitzende Angst macht ihm das Leben schwer und er versucht jeglicher Konfrontation im Leben aus dem Weg zu gehen. Ein lymphatisches Temperament ist verbunden mit einem geringen Mitgefühl für andere, und die Interessen gelten in erster Linie der eigenen Person.
Ist die Schriftform beschlagnehmend, geringe Ränder, große Schrift, dann geht das Interesse an sich selbst zum Egoismus über, und derjenige sieht sich selbst am liebsten im Mittelpunkt. Ihm fehlt jeglicher Takt und Rücksichtsnahme auf andere.
Die Denkweise ist häufig langsam und kompliziert, und er benötigt auch deshalb viel Zeit und Raum, um sich ein eigenes Urteil zu bilden. Ein solcher Mensch ist die Ruhe selbst, und er eignet sich für Tätigkeiten, die mit Routine verbunden sind.
Kreativität ist von ihm nicht zu erwarten

Charaktermerkmale

er schaut,
vergleicht,
kann sich lange an
Kleinigkeiten aufhalten

Choleriker

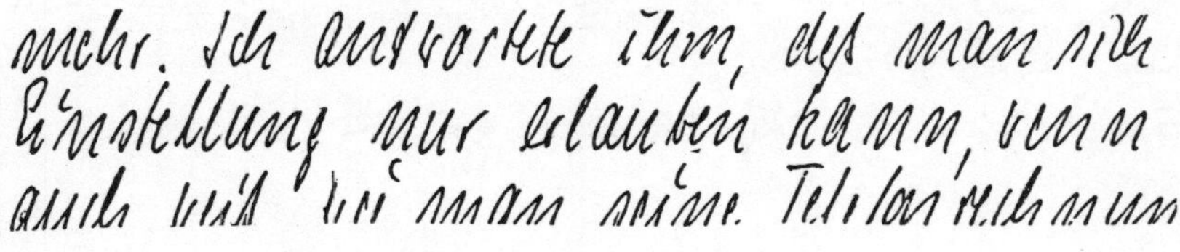

Seine Züge sind von fester Gestalt, meist mit Winkel oder Arkade als Bindungsform, sowie deren Mischform Winkel-Arkade, versehen.

Spitze Winkel in der Mittelzone „n“, „m“ sind häufig und auch die Endungen laufen spitz zu.

Dieser Typ besitzt nie runde Formen, Schnörkel und Bereicherungen. Spitze Winkel in der Mittelzone deuten auf heftige Emotionen, und es genügt nur ein geringer Anlaß, um einen solchen Menschen explodieren zu lassen. Ein Choleriker lehnt Anpassung grundsätzlich ab, ist meist miesgrämig und eher zu einer pessimistischen Lebenshaltung geneigt. Seine Stimmungswechsel sind rasch, er kann gut gelaunt und in der nächsten Stunde wieder traurig sein, was er selbst als Unzulänglichkeit empfindet, sucht aber die Schuld hierfür gerne bei anderen.

Die Schrift ist häufig unverbunden und eng, und nicht selten neigen solche Menschen zu Störungen im Galle-Leber-Bereich, was durch Konflikte im zwischenmenschlichen Bereich entstanden ist.

Der Choleriker geht keiner Auseinandersetzung aus dem Weg, um nicht zu sagen — er macht sie sich, so daß es zu heftigen angestauten Emotionen kommen kann, wenn diese nicht abgebaut werden können.

Im Alter neigen diese Menschen aufgrund ihrer fortwährenden Konflikte mit anderen dazu, sich stark in sich zurückzuziehen und werden auch von anderen gemieden.

Charaktermerkmale

Unternehmungsgeist,
Tatkraft,
gute Führungspersönlichkeit,
kann andere mitreißen und motivieren,
Erforscherdrang

Sanguiniker

Er verfügt über sehr geschmeidige, großzügige Schreibgesten, worin sich seine Lebenslust und Lebensbejahung ausdrückt.
Seine Schrift ist vor allem rund (Girlande) und prall, bewegt und hat viele kleinere Ausschmückungen.
Er ist ein sinnesfreudiger Mensch, der verschwenderisch mit Gefühlen und auch finanziellen Mitteln umgeht.
Die Sprache und die Möglichkeit zur Kommunikation faszinieren ihn.
Menschen und Beziehungen empfindet er als sehr wichtig.
Allerdings ist seine Offenheit häufig zu groß und kann zu Vertrauensseligkeiten führen, die ihm dann Konflikte und Enttäuschungen bereiten.
Sein Schreibtempo ist schnell und dieser Charakter ist tatkräftig. Er kann in kurzer Zeit verhältnismäßig viel erledigen und er ist in der Lage, mit viel Charme und Überredungskunst seine Ziele zu verwirklichen.
Er verfügt über eine gute geistige Aufnahmebereitschaft und ist ein guter Beobachter, der rasch seine Schlüsse ziehen kann.
Das sanguinische Temperament ist häufig bei Künstlern, Musikern anzutreffen und häufiger bei Frauen als bei Männern.

Charaktermerkmale

geistige Imagination,
Leidenschaft,
Kommunikation,
Kreativität

Melancholiker

nervöses Temperament

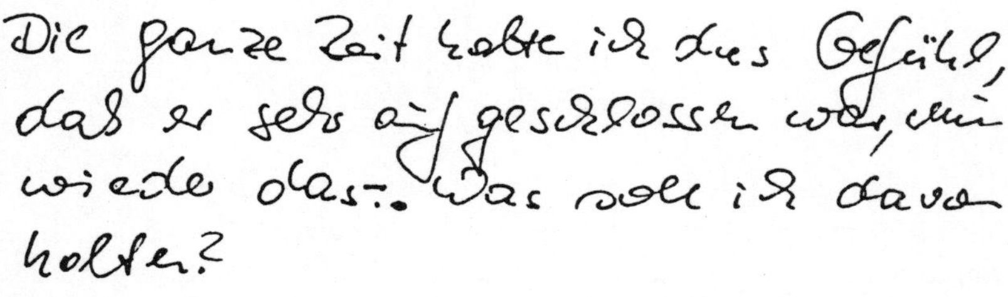

Dieser Typ zeigt sich in Richtungsschwankungen der Buchstabenkörper und zahlreichen Unregelmäßigkeiten in Schreibtempo, Druck, Weite und Größe der Buchstaben.
Die Wörter sind häufig reduziert, was seinen wirrköpfigen Aktivitäten entspricht.
Jegliche Ausdauer fehlt, und der Mensch wendet sich schnell neuen Dingen zu, die er für augenblicklich interessant hält. Geht eine Schrift mit einem spindelförmigen Schreibdruck und dreieckigen Unterlängen einher, so ist dies ein hypernervöser Mensch, der vollständig seine Lebensrichtung verloren hat.
Die Richtungslosigkeit führt zu Frustrationen und Aggressionen, die er gegen sich selbst richtet.
Er ist häufig unzufrieden und möchte immer alles auf einmal erreichen. Mangelndes Konzentrationsvermögen und wechselhafte Gedankengänge führen dazu, daß er selten eine Sache zu Ende bringt.
Ein Nervöser ist einer sehr ausgeprägten inneren Unruhe unterworfen, ebenso einem starken Bewegungsdrang.
Solche Menschen haben meist einen schnellen Gang und sind schlank und rank, wirken aber sehr gehetzt.

In einer weiblichen Schrift läßt der spindelförmige Schreibdruck immer auf eine Überfunktion der Schilddrüse schließen.

Charaktermerkmale

Unruhe,
Bewegung,
Suche nach Neuem,
Kombinationsgabe,
Erregbarkeit

Graphotherapie

Eine Handschrift gibt nicht nur Auskunft über evtl. gesundheitliche Einschränkungen, sondern sie zeigt auch auf, welche Möglichkeiten der Schreiber hat damit fertig zu werden.
Bestimmte Schriftmerkmale lassen schon sehr frühzeitig erkennen, zu welchen gesundheitlichen Einschränkungen ein Schriftverursacher neigt, und somit ist die Graphologie unter anderem auch eine wirksame Vorbeugung vor ernsthaften Erkrankungen.
Bereits vorhandene gesundheitliche Einschränkungen im seelischen oder körperlichen Bereich können durch die sogenannte Graphotherapie zum Abklingen gebracht werden.
Der Graphologe erstellt eine vollständige Schriftanalyse und macht den Schreiber darauf aufmerksam, durch welche Schriftmerkmale er seine gesundheitlichen Dispositionen erkannt hat.
Solche Veränderungen müssen in regelmäßigen Abständen bewußt vorgenommen werden, und sie führen allmählich zu einer Stabilisierung im seelischen und körperlichen Bereich.
Um nur ein Beispiel zu nennen:
Handelt es sich um eine Schrift, die mit einem schwachen und unregelmäßigen Schreibdruck einhergeht, so läßt dieses Merkmal auf eine sehr wechselhafte physische Widerstandskraft schließen.
Verleiht man dieser Handschrift etwas mehr Schreibdruck, so führt diese Veränderung zu einer Zunahme der körpereigenen Widerstandskraft, die es dem Urheber möglich macht, bedeutend besser mit seiner Krankheit fertig zu werden.
Der Schreiber sollte seine Schrift ständig beobachten und immer darauf achten, beim Schreiben ein intaktes Schreibgerät zu benutzen. Ein Bleistift ist für solche Schreibübungen völlig ungeeignet.
Ein sehr schwacher Schreibdruck ist häufig das Schriftbild einer sehr zarten Person, bei der sich eine geringe physische Widerstandskraft bemerkbar macht.
Die vorhandene Vitalität einer Person wird grundsätzlich am Schreibdruck und am Schreibtempo gemessen.
Allerdings kann es nur dann zu einer positiven Aussage kommen, wenn es sich dabei um eine harmonische Schrift handelt.

Man sollte sich allerdings hüten, alleine vom Schreibdruck her voreilige Schlüsse zu ziehen, denn letztendlich muß man das Gesamtbild der Handschrift in die Beurteilung mit einbeziehen.
Schreibübungen sollten grundsätzlich in den Morgenstunden vorgenommen werden, und zwar nach dem Frühstück.
Nimmt der Schreibdruck allmählich zu, so führt diese Schriftveränderung zu einer zusätzlichen Freisetzung von Energie, die es dem Urheber ermöglicht, mit vorhandenen gesundheitlichen Einschränkungen besser fertig zu werden.
Der Verfasser weckt dadurch seine Selbstheilungskräfte, und wenn er die notwendige Geduld und Ausdauer aufbringt, so dürfte er bald frei von körperlichen und seelischen Störungen sein.

Literaturhinweise

Adler, A., *Menschenkenntnis,* Zürich 1954
Ave-Lallement, U., *Graphologie des Jugendlichen,* München/Basel 1970

Becker, M., *Beziehungen zwischen Graphologie und Schriftexpertise,* Hamburg 1949
Becker, M., *Graphologie der Kinderschrift,* Freiburg 1926
Bernard, M., *Graphologie,* Basel 1990
Busch, Dr. W., *Graphologie,* Niedernhausen 1989

Cobbaert, A., *Graphologie,* Genf 1973
Crepieux-Jamin, J., *Die Graphologie und ihre praktischen Anwendungen,* Berlin

Daim, W., *Handschrift und Existenz,* Graz 1950
Donig, K., *Betriebsgraphologie,* München 1975

Groß, C., *Vitalität und Handschrift,* Bonn 1950
Grünewald, G., *Graphologische Studien,* Zürich 1954

Heiss, R., *Die Deutung der Handschrift,* Hamburg 1966
Huber, P., *Vom Lügendetektor zur Kriminalgraphologie,* Hamburg 1958

Jaffe, A., *Erinnerungen, Träume, Gedanken von C. G. Jung,* Freiburg 1988
Jung, C. G., *Psychologische Typen,* Zürich 1921
Jung, C. G., *Über die Psychologie des Unbewußten,* Zürich 1943
Jung, C. G., *Über die Symbolik des Geistes,* Zürich 1948
Jung, C. G., *Die Wirklichkeit der Seele,* Zürich 1934
Jung, C. G., *Gestaltungen des Unbewußten,* Zürich 1950
Jung, C. G., *Der Mensch und seine Symbole,* Olten 1968

Klages, L., *Graphologie,* Leipzig, 1932
Klages, L., *Die Grundlagen der Charakterkunde,* Bonn 1966
Klages, L., *Handschrift und Charakter,* Bonn 1968
Klages, L., *Graphologisches Lesebuch,* München 1954
Knobloch, H., *Die Lebensgestalt der Handschrift,* Saarbrücken 1950
Knobloch, H., *Graphologie,* Düsseldorf 1971
Kretschmer, E., *Körperbau und Charakter,* Berlin 1967
Kroeber-Keneth, L., *Buch der Graphologie,* Düsseldorf 1968

Lauster/Ehwald, *Handschriften deuten,* Hamburg 1971
Lüke, A., *Die menschliche Vielfalt der Handschrift,* Dortmund 1982
Lüke, A., *Du bist, wie Du schreibst,* Genf 1984

Lüke, A., *Graphologie für Einsteiger,* Genf 1986
Lüke, A., *Unterschriften – graphologisch gedeutet,* Genf 1990

Meyer, L., *Lehrbuch der Graphologie,* Stuttgart 1895
Michon, J.-H., *System der Graphologie,* München 1965
Michon, J.-H., *La Methode Pratique de Graphologie,* Paris 1978
Müller/Enskat, *Graphologische Diagnostik,* Bern 1971
Muckenschnabel, W. R., *Charakter und Handschrift,* Wien 1951

Pfanne, H., *Lehrbuch der Graphologie,* Berlin 1961
Pfanne, H., *Handschriftenverstellung,* Bonn 1971
Pokorny, R., *Psychologie der Handschrift,* München 1968
Poppee, R., *Graphologie,* Leipzig 1908
Pophal, R., *Die Handschrift als Gehirnschrift,* Rudolstadt 1949
Pophal, R., *Zur Psychophysiologie der Spannungserscheinungen in der Handschrift, Rudolstadt 1939*
Pophal, R., Grundlegung der bewegungsphysiologischen Graphologie, Leipzig 1939
Pophal, R., *Die Schrift und das Schreiben,* Stuttgart 1965
Preyer, W., *Zur Psychologie des Schreibens,* Hamburg 1895
Pulver, M., *Symbolik der Handschrift,* Zürich 1955
Pulver, M., *Trieb und Verbrechen in der Handschrift,* Zürich 1934
Pulver, M., *Intelligenz im Schriftausdruck,* Zürich 1949

Rappard, E. v., *Handschrift und Persönlichkeit,* Leipzig 1930
Richter, A., *Der Charakter aus der Handschrift,* Berlin 1922

Santoy, C., *Schriftbild und Charakter,* Braunschweig 1984
Santoy, C., *Praxis der Graphologie,* Paris 1985
Schneidemühl, G., *Die Handschriftenbeurteilung,* Leipzig 1922

Teillard, A., *Handschriftendeutung,* München 1952
Teillard, A., und Mendelsohn, G., *Der Mensch in der Handschrift,* Leipzig 1930

Wagner, L., *Graphologische Forschungen,* Wien 1973
Wieser, R., *Der Verbrecher und seine Handschrift,* München 1952
Wieser, R., *Persönlichkeit und Handschrift,* München 1956
Wieser, R., *Mensch und Leistung in der Handschrift,* München 1960
Wieser R., *Rhythmus und Polarität in der Handschrift,* München 1973
Wittlich, B., *Graphologische Praxis,* Berlin 1961
Woltereck, H., *Das Tor zur Seele,* Seebruck 1955